走近墨西哥

ZOUJIN MOXIGE

谢沛江 编

广东省地图出版社
·广州·

图书在版编目（CIP）数据

走近墨西哥/谢沛江编.—1版.—广州：
广东省地图出版社，2016.2
ISBN 978-7-80721-618-6

Ⅰ.①走… Ⅱ.①谢… Ⅲ.①墨西哥－概况
Ⅳ.①K973.1

中国版本图书馆CIP数据核字（2016）第000783号

走近墨西哥

谢沛江 编

出 版 人：安雪菡

责任编辑：钟睿祺
封面设计：陈桂梅
责任校对：张　昕

出版发行：广东省地图出版社
地　　址：广州市环市东路468号（邮政编码：510075）
电　　话：020-87768354（发行部）　020-87768880（门市部）
开　　本：880毫米×1230毫米　1/32
印　　刷：广州市地图出版社有限公司
印　　张：6.5
字　　数：152千字
版　　次：2016年2月第1版
印　　次：2016年11月第2次印刷
书　　号：ISBN 978-7-80721-618-6
定　　价：56.00元

网　　址：http://www.gdmappress.com

作者（右二）与墨西哥总统恩里克·培尼亚·涅托（右三）的合影

作者（左一）与墨西哥前总统路易斯·埃切维里亚·阿尔瓦雷斯（右二）的合影

推荐序

P r e f a c e

墨西哥是世界大国之一，国土面积排名世界第14位，人口达1.2亿，国内生产总值位居世界前列。墨西哥幅员辽阔，自然资源丰富，素有“玉米之乡”、“土豆之乡”等美誉，曾孕育了古老的玛雅文明、托尔特克文明和阿兹特克文明。对“墨西哥”这个名字，中国人并不陌生，然而了解它的人并不多。鉴于越来越多的中国人希望前往墨西哥旅游、学习、生活或经商，本书作者谢沛江先生以自己在墨西哥生活和经商20余载的经历，为读者奉上了《走近墨西哥》一书。在该书即将与读者见面之际，作者盛情邀请本人为他的新书作序。对此，我深感荣幸。

谢沛江先生早年就读于广州外国语学院西班牙语专业，本人有幸与他同窗五载。他勤奋好学、刻苦钻研，毕业后在北京外事部门从事西班牙语翻译工作，期间曾赴墨西哥、古巴、智利等国家进修和工作，并多次担任国家领导人的翻译。后一直在墨西哥经商，现为墨西哥联邦税务和行政法院翻译专家。谢沛江先生在墨西哥生活和经商20多年，《走近墨西哥》一书不仅是他个人丰富经历的结晶，更是一本可以带领读者深入了解墨西哥，从而更快地融入墨西哥社会的难得的指南。

据不完全统计，2013年赴墨西哥旅游的中国游客已突破6万人次。墨西哥是个开放的国度，人民热情友好，旅游资源丰富，市场生机勃勃，外资政策优厚，经商环境宽松，必将吸引更多中国人前往旅游、学习、经商、工作和定居。相信任何一个对墨西哥感兴趣的中国读者，都能在《走近墨西哥》一书中得到有益的启迪。

何仕凡

2015年3月5日于广东外语外贸大学

前言

Foreword

墨西哥是拉美大国，市场潜力巨大，自1994年加入北美自由贸易区以来，经济保持稳健的发展势头，国内生产总值在拉美居第2位，在世界排名第15位。墨西哥拥有1.2亿人口和接近发达国家的人均国内生产总值，被全球贸易商和投资商视为最具吸引力的市场之一。

墨西哥是中国在拉美的主要贸易伙伴之一，据墨西哥国家统计局统计，2013年中墨双边贸易额为677.89亿美元。截至2013年底，中国对墨西哥累计投资超过4亿美元，中国有近60家企业在墨西哥投资，墨西哥对中国的投资也不断扩大。科罗娜啤酒、特基拉酒等墨西哥产品越来越受到中国人的喜爱。

近年来，到墨西哥旅游、经商、考察、办展、学习和工作的中国人不断增加，他们在创业和日常生活中会遇到种种困难，因此迫切想了解如何在墨西哥生活、工作和经商。但国内关于墨西哥的书籍多是介绍其历史、文学、风土人情、经济和贸易等，甚少涉及如何在墨西哥生活、工作和经商。

笔者在墨西哥经商20多年，也曾遇到种种困难。工作之余，我根据亲身经历，不时写些文章介绍墨西哥的社会、经济、法律、经商之道和日常生活等，发表在墨西哥华人社团办的报刊、杂志和网站。文章颇受华人华侨的喜爱，不少文章还在网上转载。为使已在和准备到墨西哥生活、工作和经商的中国人更系统、更全面地了解墨西哥，笔者整理了过去发表的文章，编成《走近墨西哥》一书，以便给读者提供一部实用的指南。

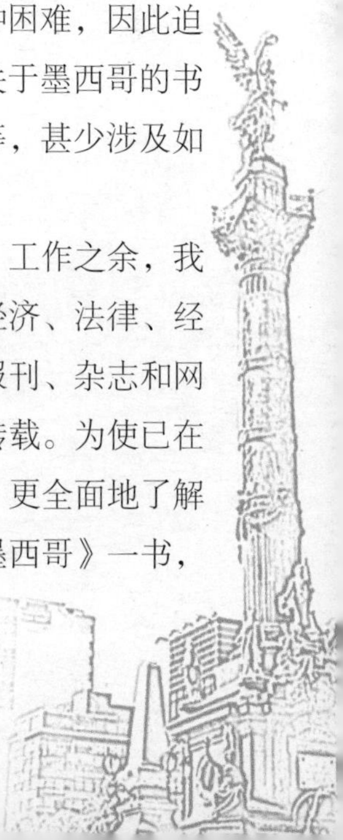

本书是为到墨西哥的中国人而写的，书中全面介绍了墨西哥的经济、贸易和法律等，并为读者提供了在墨西哥生活、工作和经商的实用知识。尽管笔者曾在墨西哥学院留学两年，并在墨西哥从事贸易达20年之久，但要满足广大读者对墨西哥作全面了解的要求，还是深感能力有限。本书如有谬误，敬请广大读者谅解。

本书在撰写过程中得到国家一级文学编辑、广东广播电视台资深编导谢衍良和广东外语外贸大学西班牙语教授何仕凡的大力帮助。在此，笔者表示衷心的感谢。

2015年3月18日 于墨西哥城

Contents

目录

第四章

墨西哥经商指南

第五章

在墨西哥生活

第六章

墨西哥特色文化

第一章 墨西哥概况

MOXIGE GAIKUANG

第一节 国家简介

墨西哥国旗

墨西哥全称“墨西哥合众国”（西班牙语：Los Estados Unidos Mexicanos），位于北美洲，北邻美国，南接危地马拉和伯利兹，南、西临太平洋，东濒墨西哥湾和加勒比海，首都为墨西哥城。官方语言是西班牙语。

一、地理环境

墨西哥国土面积197万平方千米，位居世界第14位，是仅次于巴西和阿根廷的拉美第三大国。墨西哥高原占据国境中部，高原两侧为东、西马德雷山脉，沿海地区则为狭长的平原，东南部平原面积较大，整个地形呈中部高、东西两侧低的特点。墨西哥气候复杂多样，南部沿海和东南部的尤卡坦平原年平均气温为24℃~28℃，北部沿海为20℃~24℃。不少大城市坐落在海拔2000米以上的高原，年平均气温为16℃~18℃。墨西哥大部分地区（特别是北部）气候干燥，但南部的热带平原年均降水量超过2000毫米。

二、人口

据墨西哥全国人口委员会统计，2014年墨西哥人口为1.2亿，居世界第11位，在拉美国家中仅次于巴西。在全部人口中，印欧混血人约占60%，印第安人约占30%，欧洲人后裔约占10%。宗教信仰方面，90%的人口信奉天主教，5%的人口信奉新教，5%的人口信奉其他宗教或无宗教信仰。墨西哥有近1200万人生活在国外，占总人口的10.7%，其中超过1000万人生活在美国。因此，墨西哥是世界上侨汇收入最多的国家之一，年侨汇收入为200亿~300亿美元。

三、行政区划

墨西哥共有31个州和1个首都联邦区，各州名称为：阿瓜斯卡连特斯、下加利福尼亚、南下加利福尼亚、坎佩切、恰帕斯、奇瓦瓦、科阿韦拉、科利马、杜兰戈、瓜纳华托、格雷罗、伊达尔戈、哈利斯科、墨西哥、米却肯、莫雷洛斯、纳亚里特、新莱昂、瓦哈卡、普埃布拉、克雷塔罗、金塔纳罗奥、圣路易斯波托西、锡那罗亚、索诺拉、塔巴斯科、塔毛利帕斯、特拉斯卡拉、韦拉克鲁斯、尤卡坦、萨卡特卡斯。

四、首都

墨西哥首都是墨西哥城，面积1485平方千米，人口2120万（含周边卫星城市）。墨西哥城海拔在2200米以上，属典型的高原气候，年平均温度为12℃~16℃，年降雨量为820毫米，分旱季和雨季，每年6月—10月为雨季，其余月份为旱季。

五、历史

墨西哥是印第安文明的中心之一，曾孕育了举世闻名的玛雅文明、托尔特克文明和阿兹特克文明。

奇琴伊察玛雅城邦遗址

1519年西班牙殖民者入侵阿兹特克帝国，1521年攻陷帝国首都特诺奇提特兰城，1522年以该城为中心建立“新西班牙总督区”，墨西哥进入了长达300多年的殖民统治时期。在其后的两个世纪中，西班牙殖民者逐渐征服了墨西哥全境。

墨西哥独立纪念碑

1810年9月16日，米格尔·伊达尔戈·科斯蒂利亚神父在多洛雷斯镇号召民众起义，标志着墨西哥独立战争的开始。1821年8月24日，西班牙承认墨西哥独立。1822年，伊图尔比德建立墨西哥第一帝国。1823年12月2日，墨西哥合众国成立。1824年10月7日，墨西哥建立共和政体。

1836年，德克萨斯宣布脱离墨西哥独立，1845年成为美国的第28个州。边界争端引发持续两年的美墨战争（1846—1848年）。1848年2月2日，美、墨两国在瓜达卢佩-伊达尔戈镇签订了《瓜达卢佩-伊达尔戈条约》，条约规定墨西哥把德克萨斯、新墨西哥和加利福尼亚等地割让给美国。

19世纪60年代，墨西哥被法国军队占领。1864年，奥地利大公斐迪南·马克西米连在法皇拿破仑三世的扶植下成立傀儡政权，建立墨西哥第二帝国。1867年，贝尼托·华雷斯领导墨西哥人民把入侵者赶出墨西哥。1876年，波菲里奥·迪亚斯攫取政权，开始了长达30多年（1876—1911年）的独裁统治。

墨西哥民族英雄
贝尼托·华雷斯

1910年，墨西哥爆发革命，1911年推翻迪亚斯政权。1917年墨西哥颁布《墨西哥合众国宪法》，宣布国名为“墨西哥合众国”。1929年，国家革命党（1938年改名为“墨西哥革命党”，1946年复改名为“革命制度党”）取得政权，开始了长达71年的一党统治时期，墨西哥革命结束。

2000年，国家行动党赢得大选，结束了一党统治时期。但墨西哥现总统恩里克·培尼亚·涅托在2012年7月1日的大选中获胜，革命制度党在下台12年后重掌政权。

纪念在美墨战争中牺牲的6名军校学员的纪念碑

墨西哥城最高法院

六、政治

墨西哥为总统制的联邦共和体制，立法、行政和司法三权分立。各州有权制定本州宪法，但州政府的权力受墨西哥宪法的约束。总统为国家元首，由直接普选产生，任期6年，终身不得再任。由参、众两院组成的联邦议会是墨西哥的立法机构，有权修改宪法、审批国际条约和批准政府高级官员的任命。墨西哥的司法机构分为最高法院、大区法院（巡回法院）和地区法院三级，并设有总检察院和首都联邦区检察院。最高法院的大法官和总检察院的检察长均由总统提名、参议院任命。

七、经济

墨西哥有可耕地3560万公顷，其中已耕地为2300万公顷，主要农作物为玉米、小麦、高粱、大豆、水稻、棉花、咖啡、可可、剑麻等。全国牧场占地

7900万公顷，主要饲养牛、猪、羊、马、鸡等。墨西哥是世界主要农业食品出口国之一，主要出口产品为啤酒、番茄、鳄梨、龙舌兰酒、蔗糖、芦笋、鹰嘴豆、卷心菜、去壳果仁、蜜饯、茄子、芝麻油、蜂蜜、草莓、菠菜、橙汁、芹菜、咖啡等。

墨西哥是新兴工业化国家，工业门类齐全。石油工业、采矿业、制造业等在墨西哥工业体系中占有重要地位，建筑、纺织、服装、运输设备、水泥、化工产品、电力等行业的发展也较快。石油产品、汽车及其零部件、机械设备、电器及其零件、矿产品、服装、家具和塑料等是墨西哥主要的出口工业产品。

此外，墨西哥还拥有发达的服务业和旅游业。服务业是墨西哥产值最高和创造就业机会最多的产业，主要服务业为旅馆业、餐饮业、商业、金融服务业、保险业和房地产业等。墨西哥旅游

墨西哥城国家艺术宫

业居拉美第一位，是国家主要外汇收入来源之一，2014年墨西哥共接待外国游客2900万人次，旅游外汇收入达162.58亿美元。

第二节 政府部门

墨西哥本届政府于2012年12月1日成立，由18个部门组成，各部门的名称及主要职能如下：

一、内政部

1. 负责起草政府法律法规提案并提交国会进行讨论。

2. 在《官方日报》上公布国会通过的法律法规和总统颁布的法令。

3. 管理和出版《官方日报》。

4. 负责全国居民的身份登记。

5. 办理遣返外国人的行政手续。

6. 管理其他政府部门管辖范围以外的岛屿。

7. 制定和落实其他政府部门管辖范围以外的政府对内政策。

8. 监督政府部门落实有关法令，并制定落实的措施。

9. 协调其他政府部门管辖范围以外的政府跟全国各级单位、各宪法自治机构、各州政府、各市政府、其他联邦及其地方当局的联系，并发表政府官方通报。

10. 协调政府跟各政党、政治团体、社会组织、宗教组织以及其他社会机构的联系。

11. 促进政治发展，加强民主制度，推动公民积极参与政治，为达成社会共识和政治协议创造条件，在宪法和法律的框架内保障民主执政的条件。

12. 监督公共团体、教会、世俗组织和宗教组织遵守宪法规定。

13. 管理国家档案，对落实公众信息知情权的法律法规的实施进行监督。

14. 通过下属的广播电影电视总局，对刊物、广播、电视、电影等实施监督，使其尊重个人生活、保障和平和公共道德、不侵犯他人权利、防止犯罪和扰乱社会治安。

15. 依法规范、审批和监督游戏、赌博及彩票。

16. 配合各州、墨西哥城、各市以及各政府单位，推动和落实政府民事保护政策和计划，预防自然灾害，并在发生自然灾害时给居民提供帮助。

17. 建立调查和信息系统，保证国家的统一和稳定。

18. 积极维护国家团结、保持社会联系和加强政府机构职能。

19. 收集、管理国际条约以及联邦政府、各州政府、各市政府的法令、法规、协议和规定，并建立相关的资料库。

墨西哥内政部素有“小内阁”之称，内政部长也是内阁第一部长。总统出国或因故缺席时，内政部长行使总统权力。墨西哥不设副总统，因此内政部长相当于国家副总统。

墨西哥内政部大楼

二、外交部

1. 扩大和深化墨西哥与世界各国在政治、经济和文化领域的友好合作。

2. 维护墨西哥的主权和独

立。

3. 根据外交政策和宪法原则，保障国家的利益和安全。

4. 协调联邦政府、州政府和市政府与外国的行动和计划。

5. 积极对外宣传墨西哥的形象和文化。

三、经济部

1. 调查和解决由出口倾销补贴引起的不公平贸易，根据调查结果制定反倾销税率和维护本国利益的措施。

2. 根据解决与外国经济利益分歧的不同机制，制定和落实解决方案；本部下属的法律谈判委员会负责解决与外国的贸易纠纷，维护墨西哥的利益。

3. 给在国外遇到不公平经济竞争的墨西哥人提供帮助。

4. 制定墨西哥外贸法和相关法令，以及国际贸易协议、协定的修订计划。

5. 在政府其他部门着手解决国际贸易不公平做法时充当技术顾问；参与国际贸易协议、协定的谈判和签订。

四、总检察院

1. 负责调查联邦犯罪（墨西哥把犯罪分为联邦罪和普通罪，联邦罪是指绑架、贩毒、贩卖人口、走私等危害国家和人民安全的犯罪，普通罪是指街头抢劫、偷抢汽车等一般性犯罪）。

2. 在联邦事务中充当总统律师的角色；向法庭起诉犯联邦罪的嫌疑人，并为此收集相关证据。

3. 各州检察院负责向法院起诉本州犯普通罪的嫌疑人，并收集相关证据；对犯罪嫌疑人实施逮捕；在不违反人权的前提下，依法对罪犯实施惩罚。

五、财政和公共信贷部

1. 制定联邦政府和各州的财政收入计划，合理分配各州和各政府部门的开支。

2. 管理联邦政府和墨西哥

城的公共债务。

3．批准公共债务的使用。

4．管理和监督包括墨西哥银行和国家发展银行在内的银行信贷体系。

5．监管保险、抵押、有价证券等行业。

6．收取联邦政府的税费，保证税费政策的落实。

7．组织、领导和检查全国海关的工作。

8．制定联邦政府和政府部门的支出计划。

9．制作联邦公共财政账目。

10．指导和参与编写总统年度国情咨文。

11．规范联邦政府不动产的购买、出租、出售、使用和相关事务。

六、国防部

1．组织、管理和培训墨西哥军队及其他武装力量。

2．组织实施国家兵役。

3．组织陆军和空军后备役并进行军训。

4．管理陆军、空军以及其他武装力量的档案。

5．批准陆军和空军服役人员的入伍、退伍并办理退役补贴。

6．在发生战争时领导和动员全国武装力量，并制定必要的计划以保卫国防和指导民防。

7．负责陆军和空军军事设施的建设，管理和维护军营、部队医院和其他军用设施。

8．指导陆军和空军用交通道路的建设。

9．管理陆军和空军用仓库。

10．负责军事审判。

11．干预涉及军队的犯罪。

12．提供部队卫生服务。

13．组织陆军和空军人员的职业培训，协助机构对民众进行军训。

14．采购和生产所有陆军和空军所需武器、弹药、服装等军需品。

15．定期检查陆军和空军的服务质量。

16. 负责发放持枪证，发放经营、运输和储藏武器、军需品和炸药许可证。

17. 参与武器、军需品、炸药化学品以及其他战略物资的进出口。

18. 参与国外机构或人员在墨西哥的科研活动。

19. 给陆军和空军提供所需的民事服务和辅助服务。

20. 其他法律法规规定的工作。

七、海军部

1. 保卫海岸、沿海地区、海上通道和岛屿；管理海军及海军学校；给在墨西哥领海进行科学勘探和开发的外国机构或人士发放许可证。

2. 监督海军的服务。

3. 建设和维护海军军用码头设施。

4. 建设和管理海军军用油库设施。

5. 对沿海、岛屿、港口和航道进行勘探，管理水文和有关资料，建立全国海洋资料档案。

6. 为海军人员提供医疗卫生服务。

八、社会发展部

1. 负责墨西哥扶贫、脱贫工作。

2. 推行经济适用房建设计划。

3. 制定社会发展计划。

4. 对地方社会发展提供计划、方案和战略思路等。

5. 指导地方社会发展协调员就社会发展计划与有关部门进行协商。

6. 促进各地方的社会发展计划统一、公平、有效地实施。

7. 促进地方团体积极参与社会发展计划。

8. 对各州政府的社会发展计划、方案、工程等提供意见。

9. 应各州政府要求，对其社会发展计划、方案、工程等提供帮助。

10. 参与各州政府的社会发展计划、方案和工程等。

11. 帮助各州的社会发展协调员与有关单位就处理地方事务进行合作。

12. 参与联邦政府成立的旨在帮助社会发展的机构和组织。

13. 替各州的社会发展行动做宣传。

九、通信和交通部

1. 建设和维护铁路、机场、公路和港口等。

2. 监督全国的邮政和电信服务。

3. 进行全国性道路基础设施建设。

4. 制定和实施大型运输计划。

5. 批准地方提出的交通建设项目。

6. 对全国交通设施的建设和运行制定技术标准。

7. 和其他政府部门一起监督交通设施管理法规的落实。

8. 以承包或合同方式，直接或通过私人（公司）对全国交通设施进行开发、建设、维护、修复和保养。

9. 和其他政府部门一起对全国交通设施建设作出评估，控制建设进度和工程质量。

10. 负责收费公路的建设、扩建、维修、保养、管理、运作的合同事宜和许可事宜。

11. 管理墨西哥州的收费公路。

12. 对全国交通设施的使用制定总体政策。

13. 直接或通过承包商对车站进行建设、扩建、维护和管理，以使全国基础设施符合货运要求。

14. 对全国交通设施建设的违约承包商进行处罚。

15. 负责道路交通相关工作和设置路标；和各市政府协调，把地方交通设施建设与全国性道路基础设施建设相结合。

16. 指导、监控和评估墨西

哥州道路委员会的工作及该州的大运输系统、高速公路系统、机场系统。

17. 对全国交通设施建设的承包制定投标标准，并对其实施加以规范和监督。

18. 对全国交通设施建设组织培训、调查和技术准备。

19. 负责国家运输登记。

20. 参与大型运输系统和高效运输系统的建设、运作、开发和维护。

21. 以承包或合同方式，对大型运输系统和高效运输系统进行研究、设计、规划、建设、运作、管理、开发、修复和维护。

22. 制定道路设施的使用限制。

墨西哥城至克雷塔罗市高速公路

十、劳动和社会保障部

1. 监督劳工法在全国的执行情况。

2. 负责与劳动合同相关的工作。

3. 促进劳动生产率的提高。

4. 配合公共教育部，推动劳工培训。

5. 建立、管理和监督全国就业服务体系。

6. 依法建立旨在规范劳资双方关系的联邦协调委员会以及其他类似组织。

7. 依法对全国的工会组织、资方组织和专业人才组织进行登记。

8. 领导和协调联邦劳动保护委员会的工作。

9. 负责联邦政府的社会保障服务，依法参与和社会保障有关的工作。

10. 制定促进全国就业的计划。

十一、环境和自然资源部

1. 保护生态环境、自然资源和环境资源，促进其持续发展和有效利用。

2. 制定国家资源管理政策。

3. 对除石油、天然气、煤气和矿产以外的国家资源的使用进行管理。

4. 向联邦政府提出建立自然保护区计划，协调有关政府部门、大学、科研机构和私人机构参与其管理。

5. 代表国家对海滩、领海、陆地和围海造地行使主权。

6. 与外交部一起就墨西哥达成的涉及环境和资源的国际条约提出建议。

7. 配合有关政府部门、各州政府、各市政府和私人机构，保护全国的生态环境。

8. 对公共部门、社会组织和个人组织的发展计划提出建议，并对该计划是否危害生态环境进行研究。

9. 制定应对气候变化和保护臭氧层的政策。

10. 领导全国的气象和水文系统的研究、运作和服务，出席上述领域的国家会议。

11. 规范和监督河流、湖泊的管理。

12. 改善墨西哥城的水文系统。

13. 对海域、森林、处女地、海滩、岛屿和围海造地等的使用进行审批。

14. 制定国家环境保护法。

15. 制定维持生态平衡和环境保护的具体措施。

16. 制定防止垃圾污染和污染物扩散的措施。

17. 建立环境监测系统和污染物检测系统。

18. 制定预防和治理空气污染、土壤污染、水污染以及整个环境污染的措施。

19. 制定保持生态平衡和促

进环境保护的计划和战略。

20．促进团体、社会和个人参与自然资源和生态环境的保护。

21．制定工业垃圾和工业废水的处理标准。

22．建设工业垃圾、有害物质和废水处理设施。

23．对工业垃圾、有害物质和废水处理设施的建设工程的承包进行审批。

24．协调各方参与森林保护和森林资源监管。

25．促进动植物资源的保护。

26．宣布建立国家级自然保护区。

27．建立和管理国家公园和绿地。

28．促进环境研究。

29．制定环境损害程度评估标准。

30．对造成环境破坏的行为进行处罚，并配合相关部门进行执法。

十二、能源部

1．制定国家能源政策。

2．管理全国的煤炭、石油、天然气和核能。

3．根据环保法律的要求，指导从事煤炭、石油、天然气和核能发电的国家企业依法生产。

4．与外交部一起参加涉及能源问题的国际会议，并在签订涉及能源问题的国际协定时向其提出建议。

5．推动私人企业参与法律允许范围内的能源生产和利用。

6．给国家能源企业制定中长期发展计划。

7．依法审批能源领域的承包工程、开发许可等。

8．推动能源领域的调查研究。

9．为能源领域的生产、销售、质量控制等制定国家标准。

10．为核能的安全、维护以及放射性材料的使用、开发、利用、运输、买卖、进口、出口制定国家标准。

11. 对全国的石油资源进行登记。

十三、农业、畜牧业、农村发展、渔业及食品部

1. 向农村地区提供金融支持。

2. 帮助农民建设家禽养殖场、养蜂场、畜牧场和养鱼场。

3. 与其他政府部门共同制定、指导和评估农村发展计划。

4. 推动民间资金和公共资金流向农村；通过制定计划、协调各方力量和融资，帮助建立农村生产企业；配合各级政府，联合社会力量，对农村生产企业提供技术等服务。

5. 促进农业、畜牧业、家禽养殖业和渔业的研究工作，建立相关的研究所、实验室和养殖场，并把它们与当地大学的研究工作有机联系起来。

6. 在其他政府部门的协助下，促进农村地区的手工业、民间工艺和家庭工业的生产。

7. 为农村投资建立平台。

8. 组织对农村经济的研究。

十四、公共教育部

1. 建立各级学校并对其进行监督。

2. 管理全国的历史博物馆、考古博物馆、艺术馆、美术馆、画廊等。

3. 组织并监督公立学校、归属教育部体系的学校和教育部认可的各类学校。

4. 组织公立学校、归属教育部体系的学校和教育部认可的各类学校的艺术教育。

5. 管理墨西哥城的公立学校和其他政府部门管辖范围以外的全国各类学校。

6. 监督所有学前班、小学、中学、技校和师范学校遵守有关法律法规；对归属国家教育体系的民办学校制定归属标准。

7. 管理教育部直属单位和下属单位的普通图书馆或专业图书馆。

8. 帮助小学、中学、师范学校、技校和高校建立研究所、实验室、观测站、天文台等设施，指导它们与其他政府部门、公共部门和私人机构进行科研合作。

9. 给去国外进行科研和学习的墨西哥学生提供奖学金。

10. 提供毕业证书等学历证明的认证。

11. 管理国家历史档案。

十五、卫生部

1. 制定国家的社保、医疗和卫生政策，协调其他服务计划和联邦政府卫生工作的关系。

2. 建立和管理全国的卫生机构、公共救援机构和社会医疗机构；组织并领导墨西哥城的公共救援机构。

3. 确保国家博彩中心和体育彩票中心的收益提成用于公共救援；管理墨西哥城的公益基金。

4. 依法组织私人公益基金并对其实施监督，在取得基金建立人同意后参加私人公益基金的董事会。

5. 规划、健全、协调和评估国家卫生体系，积极邀请其他部门、社会各界以及私人机构参与卫生服务体系，并制定有关方针政策。

6. 为公共部门、社会各界和私人机构制定国家卫生服务标准（包括公共救援服务标准）。

7. 检查除兽医药外的所有药品（包括麻醉品）的生产、购买、使用、出售、进出口和分配。

8. 检查全国城乡卫生和工业卫生措施的落实情况。

十六、旅游部

1. 制定国家的旅游发展方针和政策。

2. 与其他政府部门商定国家旅游发展区域，并与环境和自然资源部共同提出建立旅游区的计划。

3. 对全部旅游业从业人员进行登记。

4. 依法制定旅游服务价格；与财政部一起制定联邦政府辖下的旅游设施的价格标准。

5. 配合各级政府制定保护旅游业的措施。

6. 制定和修改旅游服务设施的评级标准。

十七、农村和城镇发展部

1. 保证农民成为土地的主人，保障国家农业法律法规的落实。

2. 制定和落实国家的农业发展政策，管理国有土地。

3. 制定乡镇发展政策（包括乡镇用水规划）。

4. 制定乡镇住房等城镇化政策。

5. 通过土地规划和财产调节，制定农村居民拥有土地的政策；制定促进农村公平和农业发展的政策；培训农民成为国家生产的排头兵；在保护环境和自然资源的基础上，促进农村的发展。

6. 协调全国的住房政策，主持国家住房委员会的工作。

7. 协调国家住房委员会、国家土地管理委员会和国家居民住房基金会之间的工作。

8. 协调全国60个发展较快的城市的市政府与各州政府、国家居民住房基金会达成有关协议。

9. 与财政和公共信贷部一起建立新的社会保障机制，特别是建立联邦警察、州警察和市警察的退役后住房机制。

10. 促进全国住房建设的现代化。

十八、公共职能部

1. 管理政府监控评估系统，检查联邦公共开支和支出预算。

2. 制定联邦政府的监控手段、措施和准则，并要求各政府部门制定有关实施细则。

3. 对政府进行监控和检举，指导并帮助各政府部门实施内部监控。

4. 制定政府各部门的内部审计原则，必要时在各内部监控部门的帮助下对政府部门进行审计。

5. 组织、领导和实施联邦政府职业服务系统，并对其准则进行解释。

6. 应财政和公共信贷部或内部监控部门负责人的要求，对政府部门进行审计。

7. 依法对政府公务员的财产申报进行审核。

8. 调查政府公务员可能要负行政责任的行为，并依法向有关部门举报有上述行为的公务员。

9. 管理其他政府部门管辖范围以外的联邦政府不动产。

10. 促进政府运作的透明化以及政府信息的公开化。

第三节 教育体系

一、概况

墨西哥现行教育制度以1917年宪法和1973年联邦教育法为依据，由正规义务教育体系和非正规教育体系组成。

墨西哥政府重视正规义务教育。2002年，墨西哥颁布《学前义务教育法》，将学前教育纳入正规义务教育体系，教育年限从之前的9年（6岁~15岁）延长至12年（3岁~15岁）。2012年，墨西哥将高中教育也纳入正规义务教育体系，教育年限进一步延长至15年（3岁~18岁）。据统计，目前墨西哥15岁以上人口中，受过高中以上教育的占32.1%，预计在2022年前可实现全国高中教育普及率100%的目标。

墨西哥还拥有一个完善的非正规教育系统，可对全国近200万名学生进行技能培训。墨西哥设有技术初中和技术高中，为毕业后不再升学的学生提供职前技术教育。对于缺乏职业培训的失业人员，联邦政府和各州政府将组织各类培训，并为参加培训者提供经济资助。

二、各级教育

墨西哥3岁~5岁的儿童（印第安儿童为5岁~7岁）上幼儿园或西班牙语教学中心。

墨西哥小学为六年制，分普通小学、双语小学（招收印第安儿童）和开放小学（招收12岁以上没有接受过正规小学教育的人员）等三种。

墨西哥初中分普通初中、技术初中、电视初中、职工初中（招收具有小学学历的工人）和开放初中（招收15岁以上未上过初中或初中未毕业的人员）等五种。前四种是三年制，最后一种的修业年限则因人而异。

墨西哥高中分普通高中（修业年限为2年~3年）、技术高中（修业年限为3年~4年）、开放高中（招收不能上正规高中的人员，修业年限因人而异）等三种，属于这一级的还有师范学校（学制为四年）。

墨西哥高等院校分大学、工业学院和师范学院等三种。大学在高等院校中占的比重最大，其数量占高等院校总数的60%，学生人数占高等院校学生人数的70%。三种高等院校都有公立和私立之分，其中公立大学规模较大，其学生人数占高校学生人数的80%左右。

墨西哥的研究生分硕士研究生和博士研究生两种。硕士研究生的学习年限为2年，通过论文答辩后可授予硕士学位。博士研究生的学习形式分学分制和师徒制两种。采取学分制的，学生须在规定年限内修完必修学分。人

墨西哥初中生

墨西哥大学生

文科学研究常采用师徒制，学生除了跟导师们做研究外，还须选修讨论课或专题课，学期成绩由学术委员会考评。

三、主要大学

（一）公立大学

墨西哥公立大学有政府补助，学校软硬件设施完善，象征性收取学费，专长为教育、人文、理工、艺术、商业管理、医学等学科。大学设有各类研究中心和出版中心，学术研究著作的出版相当繁荣。墨西哥各州至少有一所公立大学，有的州还有区域性的公立大学，但重要的公立大学的总校均在墨西哥城。墨西哥最著名的公立大学为以下四所：

1. 墨西哥国立自治大学

成立于1910年，是墨西哥历史最悠久、规模最大的综合性大学，也是世界上规模最大的高等学府之一。墨西哥国立自治大学拥有22个学院、44个人文及科学研究中心、138个图书馆、27.5万名学生和7.5万名教研人员。此外，墨西哥国立自治大学还拥有剧院、博物馆、音乐厅、电影院、植物园等设施以及芭蕾舞团、剧团、足球队、现代舞团、美式足球队等社团。

墨西哥国立自治大学

2. 墨西哥国立理工学院

成立于1936年，是墨西哥最大、最好的公立理工大学。校本部位于墨西哥城中北部，在各州设有分校，共计17所，有1.7万余名教研人员和17万名在校学生，此外还拥有18万余名校外教育学生。该校拥有81个教学单位，下设78个本科专业和128个研究生专业，在工程、生物医药、计算机、化工等领域具有较高的研究水平。

墨西哥国立理工学院

3. 墨西哥城市自治大学

成立于1974年，在墨西哥城拥有5所分校，有约3000名教师和4万多名学生，具有博士学历的教研人员和国家级科研人员的人数在全国高校中排名第二。墨西哥城市自治大学与中国14所学术机构签署了合作协议。

4. 墨西哥学院

创建于1940年，以人文科学和社会科学的研究著称，以招收研究生为主，同时招少量本科生。墨西哥学院有历史研究中心、语言和文学研究中心、国际研究中心、亚洲和北非研究中心、经济和人口研究中心、社会研究中心等6个研究中心。

（二）私立大学

墨西哥私立大学重视应用教育，以经济、工商管理及理工等学科为主，所设研究所和学科一般比公立大学少。私立大学每学期的学费为5万~15万比索，由于学费昂贵，学生多来自中产阶级家庭。墨西哥著名的私立大学为以下三所：

1. 蒙特雷科技大学

成立于1943年，是墨西哥规模最大的私立工科大学。各个学科均达到国际水平，其中工程学、工业管理、工业工程、建筑学在墨西哥乃至整个拉美地区都久负盛名。蒙特雷科技大学拥有31所分校，2014年有9250名教师、98935名本科生、27856名预科生和15624名研究生。

2. 墨西哥技术自治学院

成立于1946年，在墨西哥城设有校本部和1所分校，目前共有239名教师和近5000名学生。最著名的学科为商学、国际关系和经济学，其毕业生多在墨西哥政府的重要经济智囊团工作。

3. 墨西哥拉萨耶大学

建于1962年，是世界基督学校兄弟会教育组织的成员。校本部位于墨西哥城，在各州设有多所分校，共有1万多名学生。墨西哥拉萨耶大学较著名的学科为医药、生物制药、地质工程、冶金工程、金属材料工程、拉美研究、遗传工程、高分子材料与工程、机械设计制造及自动化、商业统计学等。

第四节　医疗体系

墨西哥的医疗服务体系包括公务员医疗保险、社会医疗保险、大众医疗保险、国营石油公司医疗保险、卫生部系统的医疗服务、私立医院的医疗服务、红十字会医院的医疗服务、慈善诊所的医疗服务、家庭式私人诊所的医疗服务等。其中，公务员医疗保险、社会医疗保险、大众医疗保险和国营石油公司医疗保险属于国家医保系统，这四个医保系统的参保人员自身医疗费用全免，其直系亲属（配偶、父母和未满25岁的尚未参加工作的子女）的医疗费用也完全免费。

墨西哥医疗机构分为三级：一级医院为无医疗设备的普通医院；二级医院设有门诊服务和住院服务；三级医院除门诊和住院服务外，还拥有化验室，医疗功能齐全。墨西哥共有19107家各类医疗服务机构（包括997家医院和18110家诊所）、137389张床位和140629名医生。医院和诊所主要集中在城市，政府正计划增加农村医疗服务设施。

一、公务员医疗保险

公务员医疗保险由国家公务员社会服务和保障局管理，主要针对政府公务员、国营企业职工、国立大学教职员工及上述人员的家属。国家公务员社会服务和保障局下属1232家医疗服

墨西哥公务员医院

务机构（包括100家医院和1132家诊所），共有6746张床位和17309名医生。公务员医保的资金来自政府和雇主，个人无须缴纳医保费。

二、社会医疗保险

社会医疗保险由墨西哥社保局管理，主要针对私人企业雇员及其直系亲属。目前，墨西哥社保局管理着全国4600万人的医疗保险和2000万人的养老金。社会医疗保险的资金来源于政府税收、雇主缴费和雇员缴费。墨西哥社保局共有5393家医疗服务机构（包括326家医院和5067家诊所），共有30306张床位和56305名医生。

三、大众医疗保险

大众医疗保险是墨西哥医疗服务体系的特色，主要针对广大农民和城镇里没有社会医疗保险

墨西哥社保医院

墨西哥大众医保医院

的中低收入人群。墨西哥社会健康保障委员会在全国设立了800多个参保登记处，所有农民和无固定职业者都可以以家庭为单位自愿参保。大众医疗保险的资金由联邦政府（60%）、州政府（35%）和参保人（5%）共同负担，参保家庭按收入水平分为10个等级，收入最低的两个等级可以免缴医保费，收入第三低的家庭如有5岁以下的儿童也可以免缴医保费，其他七个等级的家庭须缴纳57~910美元的年费（单个人的家庭可享受50%的折扣）。参保家庭可享受低成本的基本卫生服务，包括基层健康中心的全部服务和综合医院95%的服务。

四、国营石油公司医疗保险

墨西哥国营石油公司有自己独立的医疗系统，该系统拥有219家医疗服务机构（包括23家医院和196家诊所），共有954张床位和2355名医生。此外，墨西哥国营石油公司也委托国内一些私立医院提供合作医疗服务。

五、卫生部系统的医疗服务

卫生部下属的医疗机构主要为没有任何保险的穷人提供医疗服务，但其他人也可以享受卫生部的医疗服务。卫生部在各州设有州立医院，在各市设有市立

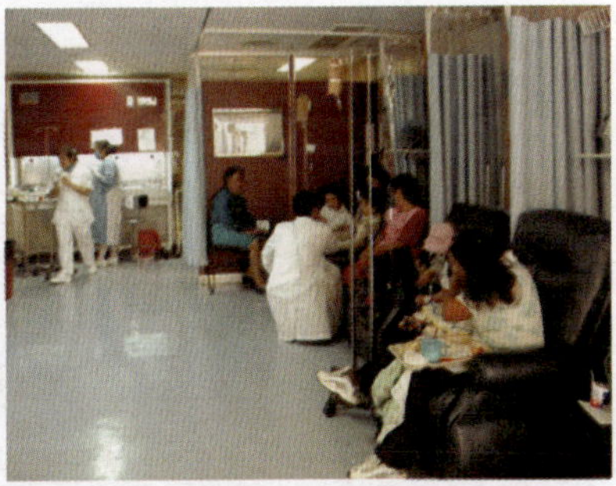

墨西哥民众在卫生部公立医院就医

医院，在各区设有卫生中心。卫生部现有10493家医疗服务机构（包括405家医院和10088个卫生中心），共有31252张床位和50309名医生。卫生部下属的医院和卫生中心的收费方法相当独特，它对门诊和开药采取低收费，而住院费（含手术费）则分成若干等级，医院将根据患者申报的经济状况决定其收费等级。

六、私立医院的医疗服务

墨西哥私立医院的医疗水平较高，很多医生能用英语问诊。但私立医院收费较高，好的医院门诊费为2000比索~3000比索，一般医院的门诊费也要500比索~1000比索。墨西哥的富裕阶层大多给自己和家人购买商业医疗保险，私立医院是这些人的定点医疗机构。墨西哥较著名的私立医院有英国医院、西班牙医院、ABC医院、天使医院等。

七、红十字会医院的医疗服务

墨西哥红十字会在全国各地都建有红十字会医院。红十字会医院除了提供交通事故、自然灾害等的紧急救护外，还提供全

墨西哥ABC私立医院

天候的急救门诊服务。红十字会医院不是盈利医院，因此收费非常低廉，但它只提供紧急救护服务，没有医院药房和住院服务，医生大多数是刚从医学院毕业的实习医生，因此遇到普通疾病时还是要到常规医院就诊。

八、慈善诊所的医疗服务和家庭式私人诊所的医疗服务

墨西哥有很多慈善诊所，它们大多是由连锁药店开设的。墨西哥最著名的慈善诊所是“喜米诊所”，由喜米拉雷斯连锁药店开设。“喜米诊所”开在喜米拉雷斯药店旁边，病人看完病后可拿着药方到旁边的药店买药。“喜米诊所”的门诊费是50比索，化验费比其他化验室便宜1/3～1/2。现在，越来越多的连锁药店（如节约药店等）开设了慈善诊所，其门诊收费仅为30比索~50比索。

此外，墨西哥还有为数众多的家庭式私人诊所，很多注册医生在医院工作之余，兼职开设私人诊所。墨西哥各类小型医院和私人诊所都没有自己的化验室，因此医疗化验室应运而生，如著名的卓博化验室。墨西哥的医疗化验室竞争相当激烈，因此很多医疗化验室都推出了每周一天的半价服务。

SIMILARES（喜米拉雷斯）连锁药房慈善诊所

第五节 社会治安

墨西哥社会治安形势严峻，在墨西哥生活，难免要跟警察打交道。墨西哥警察的分类和作用如下：

一、联邦警察

联邦警察隶属墨西哥内政部，是全国最大的警种，具有人数众多、训练强度大、武器精良等特点，是墨西哥维护国家安全和社会治安、打击贩毒活动的主要警力。联邦警察主要负责联邦罪行调查。联邦罪行包括危害公共安全罪、经济罪、危害国家安全和利益罪等，具体表现为破坏交通运输、走私、偷税漏税、破坏环境、贩毒、非法持有武器、非法翻版影视录像、盗窃国家财产、洗钱、贩卖人口、选举舞弊、盗窃和贩卖文物和艺术品、绑架等。墨西哥现有3.5万名联邦警察，他们定期接受测谎、毒品测试和心理测试等，其财务状况和个人生活须接受政府调查。

墨西哥联邦女警

二、联邦预防警察

联邦预防警察隶属墨西哥内政部，其主要任务是防暴和边防。墨西哥每年都会发生为数众多的游行示威，当有人上街游行时，预防警察负责沿街站立防备。预防警察还负责非军事

墨西哥联邦警察警用飞机

要地的巡逻和守卫任务，其守备的地方包括边境、海岸、出入境通道、跨国境桥梁、海关、保税区、海关管辖区、边防哨所、海关检查站、移民局通行站、联邦铁路、联邦公路、机场、国际港口和其他重要交通要道及其辅助设施。此外，他们还负责守卫国家公园、水利设施、水库、水坝、湖泊、河流、联邦政府属地、不动产设施及辅助设施等。联邦预防警察的服装为浅灰色迷彩服。

三、联邦调查警察

联邦调查警察隶属墨西哥联邦调查局（墨西哥总检察院的下属机构），前身是墨西哥联邦法警，主要职责是打击贩毒、绑架、走私武器、有组织犯罪、抢劫银行等联邦罪行。联邦调查警察在执行任务时会身穿印着“AFI”字样的警服。

四、联邦公安部警察

联邦公安部警察隶属墨西哥联邦公安部（墨西哥总检察院的下属机构），是联邦警察的辅助警察，负责除联邦罪行以外的所有犯罪行为（如侵犯他人、威胁他人、损坏他人财产、性犯罪、诈骗、欺骗、抢劫、行窃、偷车、抢车等）的调查。

五、各州警察

墨西哥各州警察局名称不一，如墨西哥城和大部分州称作公安局，墨西哥州称作公民安全局，而格雷罗州则称作公安和民事保护局。州警察受各州公安局和内政部的双重领导，主要负责本州的治安，具体职责为与驻在各州的联邦预防警察共同负责本州公路的巡逻、对在公路上行驶的违章车辆进行处罚、应司法部门要求押送本州犯人等。

六、市属警察

市属警察是墨西哥各城市公安局直属的地方警察，负责本市的治安，包括城市马路的巡逻。

七、辅助警察

辅助警察隶属墨西哥联邦公安部和各州公安局，主要负责守卫大商业区、银行和大型企业等。辅助警察的执法范围仅限于守卫地区，只有发生突发事件时

墨西哥州公民安全局警察SSC

女辅警

才能在守卫区外执法。墨西哥辅助警察没有统一着装，各州的辅助警察着装不同。

旅游警察

八、旅游警察

旅游警察隶属墨西哥旅游部，是近年出现的新警种，人数不多，主要负责旅游区的治安。

此外，联邦政府环境和自然资源部下有森林警察，财政和公共信贷部下属的税务警察局有税务警察，各州、市公安局有交通警察和交通协警。

第六节 墨西哥人种

美洲印第安人的来源是历史上最大的疑问之一，历史学家考究出好多个来源，但大多是学者们的推理。比较被历史学家认同的说法是：在距今3万多年前，地球气候变冷，冰河时期来临，海面下降了130米~160米，水深只有几十米的白令海峡露出海面，形成一座陆桥，连接起亚洲东北部和美洲西北部，成为亚美两洲的陆路通道。就是在这个时候，居住在亚洲北部的亚洲人（一说是蒙古人），就步行穿越白令海峡到达美洲。

大约在2万年前，印第安人就定居在墨西哥城一带。公元前1500年至前900年间，墨印第安人进入原始社会最繁荣的时期，形成了发达的古印第安文化。当时墨西哥印第安人种主要有：

1. 阿兹特克人（Los Aztecas）：主要居住在墨西哥城、墨西哥州、韦拉克鲁斯州、普埃布拉州、瓦哈卡州、格雷罗州等地，而居住在墨西哥城，也就是阿兹特克人首都特诺奇蒂特兰城（Tenochtitlan）的阿兹特克人自称为墨西卡人（Los Mexicas），今天的墨西哥国名即来源于此。

2. 玛雅人（Los Mayas）：主要居住在坎佩切州、恰帕斯州、金塔纳罗奥州和尤卡坦州。

3. 托尔特克人（Los Toltecas）：主要居住在尤卡坦州、萨卡特卡斯州和墨西哥州等地。

4. 奥尔梅克人（Los Olmecas）：集中居住在韦拉克鲁斯州东南部和塔巴斯科州西部。

5. 塔拉斯科人（Los Tarascos）：主要居住在米却肯州。

6. 特拉斯卡特克人（Los Tlaxcatecas）：主要居住在特拉斯卡拉州。

7. 萨波特克人（Los Zapotecas）：主要居住在瓦哈卡州。

8. 米斯特克人（Los Mixtecas）：主要居住瓦哈卡州、格雷罗州和普埃布拉州。

9. 奥托米人（Los Otomis）：主要居住在墨西哥州、伊达尔戈州和特拉斯卡拉州。

1492年发生了一件改变了墨西哥乃至整个美洲的历史事件——10月12日美洲被哥伦布发现。受西班牙当局派遣，意大利

墨西哥印第安人

人哥伦布一生4次远航美洲，第1次航行只到达巴哈马群岛的圣萨尔瓦多岛，第3次航行终于登上了美洲大陆的委内瑞拉和中美洲地区。从此，在西班牙当局鼓励下，很多西班牙人纷纷远渡大西洋移民到美洲大陆，开始对美洲长达300多年的殖民统治。

假如没有1492年10月12日哥伦布的所谓发现新大陆，墨西哥印第安人应该能和美洲其他地区的印第安人一样，继续他们的生活轨迹，按照他们的社会制度、经济结构、生活方式、宗教模式和政治体系，继续发展至今。西班牙的殖民统治将古代印第安人的文明进程打断，在高度发达的印第安文明基础上建立起一套殖民政治和经济体制，原先印第安人的政治、经济及社会结构遭到严重破坏，甚至被完全毁灭。

埃尔南·科尔特斯（Hernan Cortes）是当时西班牙殖民地圣多明各总督，也就是后来的古巴总督迭戈·委拉斯格斯（Diego Velasouez）的私人秘书。他在古巴招募了600多人，组成了墨西哥武装远征队，自己担任队长。远征队在1518年11月18日从古巴出发，数天后在尤卡坦半岛登陆，在打败了当地的玛雅人后，继续向墨西哥北部阿兹特克人居住的墨西哥谷地，即现在的墨西哥城进犯。

阿兹特克人当时居住的特诺奇蒂特兰城已经有30万居民。他们的国王是莫克特苏马（Moctesuma）。科尔特斯在1519年11月8日，也就是离开古巴一年后，来到了特诺奇蒂特兰城。莫克特苏马国王把科尔特斯一行当作朋友迎进城里。科尔特斯趁机劫持了莫克特苏马，挟天子令诸侯，用其名义在特城实行统治，并大肆搜刮印第安人的黄金和宝石等。

当时，古巴总督迭戈·委拉斯格斯向西班牙当局告发科尔特斯谋反，并派手下潘费罗·德·纳尔瓦埃斯（Panfilo

De Varvaez）带领1400人到达韦拉克鲁斯州讨伐科尔特斯。科尔特斯领着部分人马前去应战。留守特城的是其手下佩德罗·德·阿尔瓦拉多（Pedro De Alvarado）。

1520年5月23日，阿兹特克人在广场举行盛大的宗教仪式，仪式内容之一是挖心活祭一个阿兹特克青年。不知什么原因，佩德罗·德·阿尔瓦拉多在仪式上对阿兹特克人大开杀戒，引起阿兹特克人反抗。等科尔特斯击退潘费罗·德·纳尔瓦埃斯获胜回到特城时，见到的是一座愤怒反抗的城市，阿兹特克人把殖民者围困在皇宫。科尔特斯胁迫莫克特苏马国王劝退阿兹特克人，结果莫克特苏马被愤怒的阿兹特克人用乱石打死。科尔特斯连夜逃跑出城，最终只带着一小部分人在被史学家称为“悲伤之夜”的夜晚脱离险境。

1521年的5月30日，科尔特斯再次卷土重来。途中，科尔特斯收编了阿兹特克人的宿敌特拉斯卡特克人和其他一些小部落印第安人共计8万余人（一说是多达10万之众），把特诺奇蒂特兰城团团围住。阿兹特克人在新国王库奥特莫克（Cuauhtemoc）的带领下进行了顽强英勇的抵抗，但因饥饿和疾病，加上力量悬殊，最终失败。经过73天的围攻，科尔特斯在1521年8月13日占领了特诺奇蒂特兰城，并且活捉了国王库奥特莫克。

在随后的3年半时间里，科尔特斯一直关押着库奥特莫克国王。为使库奥特莫克说出藏黄金的地方，科尔特斯对库奥特莫克使用了酷刑，包括用油烧他的双脚和双手。但库奥特莫克坚贞不屈，他把手伸向科尔特斯的短刀说道：“我已经尽我所能来保护自己和我的人民，我的责任是不让我的人民落到我今天的地步，现在你们随便处置我都好，最好是把我杀了。”

1525年，科尔特斯部下克

里斯托瓦尔·奥利德（Cristobal De Olid）在洪都拉斯反叛。科尔特斯带队去讨伐。讨伐队伍中有很多阿兹特克人，为了安抚他们，科尔特斯把库奥特莫克也带上。讨伐队伍到了坎佩切州坎德拉利亚市（Candelaria De Campeche），有人告发库奥特莫克谋反，而科尔特斯早有杀库奥特莫克的想法，于是就在1525年2月28日绞死了库奥特莫克。

位于墨西哥城改革大道的库奥特莫克雕像

库奥特莫克不屈不挠的抗争精神、宁死不投降的英勇气概，使他不仅成为印第安人的骄傲和民族英雄，也成为了墨西哥的国家英雄。今天，他的塑像在墨西哥随处可见，很多墨西哥地方和人都用他的名字命名，人们用各种方法来纪念这位英勇的印第安国王。

1519年，西班牙人占领墨西哥时，印第安人大约有912万人。在殖民过程中，由于西班牙征服者的杀戮、瘟疫流行、自然灾害、跟西班牙人通婚等各种原因，纯种印第安人口不断减少。据说到16世纪70年代只剩下330万人，到17世纪中叶只剩下130万人。

据1990年统计，墨西哥有56个印第安民族，59种印第安语言，上千种印第安方言。

在长达300年的殖民时期和独立后的200年间，西班牙人和印第安人不断混血，墨西哥出现越来越多的印欧混血人种，他们被称为梅斯蒂索人（Mestizos）。

据估计，目前墨西哥的印欧混血梅斯蒂索人约占60%，印第安人约占30%，白人约占10%。

也有人估计，梅斯蒂索人占墨西哥人口的80%以上。无论如何，随着时间的推移，相信梅斯蒂索人在墨人口比重会越来越大。

第二章 墨西哥经贸

MOXIGE JINGMAO

第一节 经济条件

墨西哥不仅是重要的区域经济力量，也是世界上最大的经济体之一。它拥有现代化的工农业、位居拉美第一位的旅游业和发展潜力巨大的服务业，人均收入达到世界中上水平。此外，墨西哥还是世界贸易组织、经济合作与发展组织、二十国集团、亚太经济合作组织、拉美一体化组织等国际经济组织的重要成员国，在世界经济体系中扮演着重要的角色。

一、地理位置

墨西哥地理位置优越，它西临太平洋，东靠大西洋，北邻全球最发达的国家美国，是连接南北美洲的陆上桥梁。优越的地缘优势使墨西哥成为全球最具竞争力的国家之一。由于拥有充足的廉价劳动力，很多美国大企业都在墨西哥设厂生产，然后把产品返销到美国和其他国家。

二、矿产资源

墨西哥矿产资源丰富，主要矿产有石油、天然气、煤、金、银、铜、铅、锌、砷、锶、锰、铋、汞、镉、锑、钼、磷灰石、石墨、天青石、硫磺、萤石、重晶石、天然碱、硅灰石等，其中石油、天然气、银、铜、石墨、硫磺、重晶石、钼、铅、锌、锰等矿产的储藏量居世界前十五位。

三、人力资源

近几十年墨西哥人口增长很快，全国人口从1977年的7500万猛增至2014年的1.2亿。由于大量新增人口进入经济年龄，目前墨西哥人力资源充足，从而保证了低成本劳动力的供应。此外，墨西哥发达的教育体系和完备的职业培训系统保障了劳动力的素质，有利于企业提高生产率和国家发展生产力。

四、基础设施

墨西哥国内基础设施完备，拥有规范的法律法规、健全的金融基础设施、完善的投资融资体制、优惠的税收政策和发达的国内外物流运输体系。近年，墨西哥政府从财政中列支508亿美元用于建设国内基础设施，重点建设高速公路、铁路、新能源、城市输水管道、石油运输管道、污水处理系统等17个基础设施项目。

第二节 金融体系

一、银行

1. 墨西哥银行

墨西哥银行是墨西哥的中央银行，拥有自主经营权和管理权。墨西哥银行的基本目标是发行货币、保持货币购买力稳定、推动金融系统健康发展和支付体系有效运行。墨西哥银行通过全国银行和证券委员会对商业银行进行监管。

墨西哥银行的主要职能包括：管理货币的发行、流通和回笼；管理外汇、金融服务以及支付体系；充当信贷机构的储备银行和最后借款人；向联邦政府提供国库服务并充当其财务代理机构；向联邦政府就经济，特别是政府的金融政策提出建议；加入国际货币基金组织和其他国际金融合作机构；对金融机构进行再贴现和贷款，并控制信贷规模。

墨西哥银行的决策机构是理事会，理事会由5名成员组成，成员由总统任命并经议会批准。墨西哥银行理事会的主要职责包括：批准纸币的发行及硬币的铸造；决定货币政策和标准；批准内部议事程序、预算、总体工作条件、合约规则等。

此外，墨西哥银行还设有技术局、财务和风险管理局、央行业务管理局、经济调查局、金融系统事务局、金融稳定局、公司服务和支付系统局、信息技术局、法律局、机构关系局和货币发行局等部门。

2. 商业银行

商业银行是墨西哥金融系统的主要组成部分，其总资产占全国金融系统总资产的45.5%。商业银行的主要职能是为企业提供短期流动资金、吸纳储蓄、进行证券交易和发放贷款等。

墨西哥银行业是全球最开放的银行业之一。1998年，墨西哥政府取消了外国银行进入墨西哥的所有限制。通过大规模的购买和兼并，外国银行以较低价格购买墨西哥的银行资产，并彻底改变了墨西哥原有的银行体系。目前，墨西哥金融系统中外资所占比例超过80%，这一比例远高于其他拉美国家。

北方银行、毕尔巴鄂比斯开外贸银行、国民银行、桑坦德银行和汇丰银行是墨西哥的五大商业银行，五大商业银行占有全国78%的贷款和全国80%的存款。五大商业银行中，只有北方银行为本土银行，毕尔巴鄂比斯开外贸银行和桑坦德银行由西班牙资本控股，国民银行由美国资本控股，汇丰银行由英国资本控股。四大外资商业银行的总资产占了墨西哥银行业总资产的69.4%。

3. 发展银行

发展银行是墨西哥政府为给某些优先发展的经济部门提供资金而建立的金融机构，主要有墨西哥发展银行、墨西哥外贸银行、墨西哥公共工程和服务银行、墨西哥信贷银行等。

墨西哥发展银行是墨西哥最大的金融机构之一，也是拉美地区最重要的发展银行之一。墨西哥发展银行的主要职责是向生产企业提供中长期金融支持、促进投资公司的发展、监管股票市场的运行和公共债券的发行、担任政府债券的法定存托人等。自1934年建立以来，墨西哥发展银行在墨西哥的经济和社会发展中扮演了重要的角色。

墨西哥外贸银行也是墨西哥的主要金融机构之一，它负责为本国的对外贸易提供担保和服务。墨西哥外贸银行提供的主要服务包括：发放短期和中长期贷款以促进非石油产品及服务的进出口；为扩大墨西哥的出口产品基地提供资助；为外贸公司和金融机构提供短期和中长期风险担保；为国际商务交往和外国投资提供财务、贸易、法律、信息、培训、咨询等服务；引导各类资源用于发展对外贸易；支持中小型出口企业的生产。

二、证券交易市场

墨西哥的证券交易分为股票交易和债券交易两部分，由全国银行和证券委员会依《证券和贷款业务法》进行协调和管理。目前，墨西哥只有一家证券交易中心，即墨西哥证券交易所。2012

墨西哥证券交易所

年，墨西哥证券交易所有466间上市公司，总市值超过5250亿美元。墨西哥证券交易所是仅次于巴西证券交易所的拉美第二大证券交易所，也是美洲五大证券交易所之一。

三、金融管理

1. 金融监管机构

墨西哥金融监管机构主要包括财政和公共信贷部、墨西哥银行、全国银行和证券委员会、全国保护金融用户委员会以及全国退休储蓄监管委员会。上述机构负责为金融服务部门的经营和结算制定具体制度，并协调和管理这些部门的活动。

2. 非官方金融服务业机构

墨西哥的非官方金融服务业机构包括墨西哥银行业协会和墨西哥保险机构协会。它们虽然不能作为金融实体开展业务，但却是促进墨西哥金融体制完善和发展的重要组织。

3. 货币制度

墨西哥的货币为比索（货币代码：MXN），由墨西哥银行发行。纸币有20比索、50比索、100比索、200比索、500比索和1000比索六种面值，硬币有5分、10分、20分、50分、1比索、2比索、5比索、10比索、20比索、50比索和100比索十一种面值。

墨西哥1000比索面值纸钞

墨西哥Centenario金币

4. 融资政策

墨西哥外贸银行为帮助在墨西哥投资的外国企业取得融资，颁布和修订了一系列办法，使投资者可根据各自需要获得相应贷款：（1）制造商或出口贸易商为在墨西哥设立加工出口企业而申请的贷款，其额度为出口商品价值的80%~100%，期限为60~180天，利率为基准利率+0.5%。（2）出口制造企业为在墨西哥投资设厂或计划添置机器设备而申请的贷款，其额度可高达机器设备价值的70%，期限可高达5年，利率为基准利率+3.5%。（3）出口制造商为在墨西哥进行投资而申请的贷款，其额度可达到投资额的50%（不包括土地与财务成本），上限为2000万美元，期限可高达7年，利率为基准利率。（4）已在墨西哥成立的公司为生产内销产品而申请的贷款，其额度可高达内销额的85%，起步金额为10万美元，利率为银行借贷利率。

第三节 税收体系

一、概况

墨西哥实行联邦和地方两级课税制度，联邦政府、州政府和市政府均有权征税，但联邦政府享有征收国内主要税种（尤其是企业所得税）的权力。但墨西哥的税收制度并不是完全意义上的分税制，因为联邦政府通过财政转移支付机制将征收的大部分税收转移到了地方使用。换句话说，联邦政府享有绝大部分税收的征收权，而地方政府则享有绝大部分税收的使用权。

1980年，墨西哥对税制结构进行大范围改革，实行全国统一税制。近年来，墨西哥政府又多次修改《联邦税法》，加快了本国税制与国际税制接轨的步伐，改善了国内的投资环境，促进了外国直接投资和对外贸易的发展。经过多次大规模的税制改革，墨西哥税收体制日渐完善并得到大幅度简化。

二、主要税种

墨西哥联邦政府征收的主要税种为所得税、增值税、财产税、进出口关税、工资税（向员工征收）等。此外，联邦政府还对酒精饮料、烟草、汽油、电信服务和汽车等特殊商品和服务征收消费税和服务税，如对电信业征收3%的服务税、对酒类征收26.5%的消费税、对博彩业征收30%的消费税等。地方政府有权征收的税种为购置不动产税、工资税（向企业征收）、不动产交易税、经营资产税以及对产权登记、经营许可证发放收取的费用。现将墨西哥的主要税种介绍如下：

1. 所得税

所得税包括企业所得税、个人所得税和资本利得税（对低买高卖所获收益的课税），其中最重要的是企业所得税和个人所得税。

企业所得税的征收对象是在墨西哥境内注册成立并从事经营活动的企业。无论是外资企业还是合资公司，只要是在墨西哥境内注册运作就得缴纳企业所得税。某些团体和组织虽然不是企业，但如果其年度收入大于支出，也须就收入大于支出的部分缴纳企业所得税。

企业所得税的缴纳方法是，不管当月或当年的盈利率是多少，当年度的每个月都要按上年度的盈利率进行预缴。例如，企业上年度的盈利率为20%，而当年度的盈利率只有10%，则直到第二年3月31日终报年税之日为止，企业都要按20%而不是10%的盈利率预缴企业所得税。

假如到第二年3月31日年终结算时，企业当年度的盈利率高于上一年度的盈利率，就要补交所得税差额。反之，则计算为政府（财政和公共信贷部下属的税务总局）欠企业的所得税。政府欠企业的所得税采取挂账形式，政府欠税在以后的5年内可以抵扣企业应付的所得税，抵扣时将加上通货膨胀率进行计算。

另外，每年的6月30日为企业上年度所得税的最终报税日期。假如6月30日的报税金额与3月31日的报税金额不同，那么应缴纳所得税差额，差额要连同通货膨胀率、滞纳金和利息一并计算。

企业所得税的缴纳，是根据企业的实际销售收入（实际进账）计收，而不是按发票金额计收。

另一种重要的所得税是个人所得税。个人年收入超过75万比索的，要缴纳32%的个人所得税；个人年收入超过100万比索的，要缴纳34%的个人所得税；个人年收入超过300万比索的，要缴纳35%的个人所得税。

2. 增值税

墨西哥政府经常以增值税调节经济的宏观走向：当需要促进经济、鼓励消费时，就降低增值税的税率；而当财政收入下降、收支不平衡时，就提高增值税的税率。近年来，墨西哥政府多次提高增值税税率，增值税税率从初期的11%逐步调整到现在的16%，原先适用11%增值税税率的墨美边境地区也从2014年1月1日起把增值税税率提高到16%。

增值税的缴纳方法比较简单，只需按销售发票所列增值税额缴纳，缴纳时可从应缴税额中减去进项增值税额。

3. 工资税

墨西哥政府每年都会调整雇员的工资税，但调整的幅度都不大。工资税由两部分组成：雇员缴纳的部分和企业替雇员缴纳的部分。雇员缴纳的部分为雇员工资的5%~13%，由联邦政府负责征收。企业替雇员缴纳的部分为雇员工资的2.5%，由各州政府负责征收。

4. 社保费

墨西哥的社保费也是逐年调整的，但调整的幅度也不大。社保费包括生病和怀孕金（占工资的22.85%，由企业和雇员共同负担）、残废和生命金（占工资的2.375%，由企业和雇员共同负担）、住房公积金（占工资的5%，由企业负担）、退休金（占工资的2%，由企业负担）、到龄退休金和老年退休金（占工资的4.275%，由企业负担）、幼儿园金（占工资的1%，由企业负担）、养老金（占工资的1.425%，由企业和雇员共同负担）、劳动危险金（占工资的0.44%，由企业负担）等。各项社保费为雇员工资总额的40%~50%。

三、新税制

2014年1月1日，墨西哥新《联邦税法》生效。新税法实施后，墨西哥税制出现了一系列变化：

1. 在税务总局登记在册的自然人和法人都分配到一个税务电子邮箱，邮箱由税务总局的电子通信系统统一管理。税务总局以电子邮件的方式，把有关通知和行政决定发到当事人的邮箱。当事人在收到税务总局的电子邮件后，必须在3天内进行回复。

2. 给自然人和法人退回多付税和不应付税款的期限，从原来的25天延长至40天。

3. 对临时进口的货物征收增值税。

4. 代扣税人必须向税务总局和被代扣税人提供代扣税凭证的电子件。被代扣税人可凭代扣税人提供的电子件的代码，登录税务总局网站的CFDI电子档案系统进行操作。

5. 如所得税的缴纳人要申请退税、缴税折扣和优惠，纳税人须把相关凭证的电子件上报税务总局。

6. 不符合新税法规定的费用不能用作税务摊销。

7. 取消纸版发票，改用电子发票。

8. 注册会计师在当年6月30日前自行报税后，才能为客户上报财务报表。

9. 纳税人的盈利和出售房地产的盈亏从适用《所得税法》改为适用《联邦税法》。

10. 补缴隐瞒税的期限由45天缩短为30天。

11. 纳税人不得搬离注册地址或从注册地址消失。

12. 对税务总局进行上诉的期限，从原来的45天缩短为30天，但纳税人可以通过电子邮件进行上诉。

13. 墨美边境地区的增值税率从原来的11%提高到16%。

14. 对宠物及其食物的买卖征收16%的增值税。

15. 对口香糖买卖征收16%的增值税。

16. 小纳税人每双月缴纳增值税，付税的最后期限为双月后第一个月的17号。

17. 小纳税人只需申报与供应商的往来账目，无须就增值税报税。

18. 月房租收入超过墨西哥城10个最低日工资的纳税人，必须每季度申报一次所得税和增值税。

19. 城区客运公交和城郊客运公交免缴增值税，但长途客运公交必须缴纳增值税。

20. 公证行、交易行、法官和其他公证机构必须出示房地产买卖金额和增值税分列的证据，以证明自己已缴纳增值税。

21. 对含糖饮料（含甜味剂或能够增加热量的单糖、双糖和多糖的饮料）每公升征收1比索的特别税。对高热量食物（每100克含275卡路里以上热量的食物）征收8%的特别税，上述两种税每双月征收一次。

22. 雇员的社会保险费中，

属于雇主替雇员缴纳的部分可以摊销成本，但雇员自己缴纳的部分不可以摊销成本。

23. 企业对联邦政府、州政府和市政府的捐赠，最高可按企业上年度盈利的4%摊销成本。企业对其他被批准接受捐赠的机构的捐赠，最高可按企业上年度盈利的7%摊销成本。

24. 雇员工资可以摊销成本。雇主给雇员发放工资时，必须给雇员发放工资税务凭证，工资税务凭证具有墨西哥《联邦劳工法》赋予的法律效力。企业必须在每年2月15日前向税务总局上报上年度的雇员工资税务凭证，而不是像以前那样在年度报税时一并上报。

25. 发给雇员的购物券可以摊销成本，但购物券须以税务总局批准的电子货币形式发放。餐馆消费可摊销的成本从原来的12.5%调整为8.5%。

26. 购置货车的金额可以全部摊销成本。购置小轿车可摊销的成本从原来的每辆车17.5万比索调整为13万比索。

27. 取消成本直接核算法。

28. 免缴出售住宅收入所得税的金额，从原来的150万个投资单位下调为70万个投资单位。

29. 年收入不超过200万比索的自然人为中等纳税人，新税法对其有如下规定：每双月报一次税；按实收货款计算税收，购买不动产的费用可以全部摊销；交税的百分比可每双月调整一次；中等纳税人的纳税方法只能享受10年，10年后纳入企业纳税法；必须给客户开具发票，可以利用税务总局的免费电子发票系统开具发票；每双月向税务总局上报一次收支状况，包括投资情况以及与供货商的往来情况。

30. 房屋出租收入所得税可以按季度报税。

31. 墨西哥居民参加股东分红或利润分成应缴纳10%的附加税。

32. 进行股东分红的企业必

须冻结2013年12月31日前的盈利账，分红的盈利从2014年1月10日起计算。

33. 自然人摊销成本的限额不得超过所在地区4个最低日工资或其收入的10%，摊销成本的支出必须以支票或银行转账的方式支付。

34. 取消企业统一税和现金税。

35. 取消对学费、住宅租赁和买卖、抵押贷款、金银首饰和艺术品销售征收的增值税。此外，各州可自行决定是否对演出和体育赛事征收增值税。

36. 矿业税的税率调整为7.5%。矿业税的62.5%归市政府，37.5%归联邦政府。

37. 年满18周岁的墨西哥公民必须办理纳税人登记，并领取终生使用的纳税人税号。申请人可以去所在地税务局进行登记，也可以登陆税务总局网站进行登记。

38. 所有支付信息都必须纳入纳税人名下。摊销成本时必须有对方开具的电子发票，金额不超过2000比索时可以使用现金支付，但金额超过2000比索时必须使用银行转账、支票、信用卡、借记卡等可跟踪凭证进行支付。

第四节 对外经贸

一、外贸概况

墨西哥与世界上243个国家和地区建立了贸易关系，其主要贸易伙伴是美国、中国、加拿大、德国和日本等。据墨西哥国家统计局统计，2013年墨西哥对外贸易总额为7613.99亿美元，其中进口额为3812.10亿美元、出口额为3801.89亿美元，贸易逆差为10.21亿美元。美国是墨西哥最大的贸易伙伴，2013年墨美双边贸易额为4867.90亿美元。其中墨西哥自美国进口额为1872.62亿美元，占墨西哥当年进口总额的49.1%；墨西哥对美国出口额为2995.28亿美元，占墨西哥当年出口总额的78.7%。

墨西哥已与44个国家和地区签订了12个自由贸易协定，它是发展中国家中唯一与世界上两大贸易集团——北美自由贸易区和欧盟签订自由贸易协定的国家。作为北美自由贸易区的成员国，墨西哥与美国、加拿大间的贸易可以互享取消出口配额和免征关税的优惠（石油产品例外）。与欧盟签订自由贸易协定后，墨西哥全部工业产品可免税进入欧盟市场，墨西哥88%的农产品和海产品、欧盟71%的同类产品也可以互免关税。

墨西哥的主要出口产品是原油、汽车和配件、咖啡豆、蔬菜、钢材、化工品、铁矿砂、服装、家具和塑料等。出口产品中，制成品占82.8%，石油产品占13%，农牧业产品占3%，其他产品占1.2%。墨西哥的主要进口产品是机电设备、塑料、光学仪器、电器、化工品、食品、饮料、纸浆、纺织品、石化产品等。 进口产品中，中间产品占74.7%，资本货物占15%，消费品占10.3%。

二、外资政策

外资在墨西哥经济发展中具有重要的作用。2013年，墨西哥吸收外国直接投资175.88亿美元，主要来自美国、比利时、西班牙、加拿大和英国等国。吸收外资的主要行业是制造业、商业和金融服务业等。

墨西哥规定，石油石化工业、电力和核能发电、放射性矿产、电报和邮政服务、货币发行、铸币、港口、机场等行业只能由本国公民或特别条款规定的外国公司经营。与此同时，墨西哥对国内航空运输、特种航空运输、机场出租车运输、财团控股公司、合作银行、经纪公司、债券交易、外汇兑换、仓储、退休金托管、普通枪支弹药及烟火的制造、报纸的印刷及发行、农业、畜牧业、林业、淡水渔业及沿海渔业、港口管理、交通设施用燃料及润滑油的供应、内河船只的港口服务、外海船只的船务、私立学校教育、法律服务、信用咨询、安全鉴定、保险、移动通信、输油管埋设、石油及天然气井钻探、铁路及公路建设等行业的外资的参股比例有一定限制。除上述行业外，墨西哥《外国投资法》允许外国投资者在墨西哥绝大部分行业建立全外资企业。

为吸引外国资本投资，墨西哥实施了减免关税和增值税、对进口原料和机械设备提供优惠、允许外贸银行参股等政策。此外，近年墨西哥还通过降低关税并简化进口产品的非关税限制、加大基础设施建设投入、支持中小企业的发展、加强反垄断力度、提高劳动力素质等措施，为外国投资者营造更好的投资环境，激励外国投资者在墨西哥进行投资。

三、客户工业

“客户加工”（Maquiladora）一词起源于西班牙语“加工费”（Maquila），原指磨坊主替农民将小麦磨成面粉，收取加工费，后来泛指收取客户来料加工费。客户工业则是指墨西哥在免税的情况下，临时进口设备、原材料、零配件、包装材料等生产资料，在墨西哥境内加工组装后用于再出口的工业。

墨西哥客户工业兴起于20世纪60年代中期。1965年5月20日，墨西哥开始实行边境工业化计划，利用当地劳动力组装和加工出口到美国的产品，以增加边境地区的就业机会。为此，墨西哥政府决定对临时进口的机械设备、零部件和元件免征关税，以鼓励外国资本在墨美边境设厂。从1965年至今，墨西哥客户工业的发展大体上分为两个阶段：

第一阶段：初级阶段（1965—1982年）

这是墨西哥客户工业发展的初级阶段。1966年，墨西哥仅有12家客户加工企业，雇工人数仅为3107人。1969年，客户加工企业增加至108家，雇工增加至15860人。最初，外国资本仅能在北部墨美边境地区设立客户工业。1972年，墨西哥颁布一项新规定，允许外资在墨西哥沿海地区和内地城市（首都联邦区除外）建立客户加工企业。1975年，客户加工企业增加至454家，雇工增加至67214人。1980年，客户加工企业增加至620家，雇工增加至104032人。这一阶段，墨西哥客户工业主要是进行零部件组装和来料加工，使用的是非熟练劳动力（主要是妇女），技术水平较低，产品结构也比较单一。

第二阶段：迅猛发展（1982年至今）

1982年墨西哥爆发债务危机，由于客户工业能创造外汇而发展更为迅速。这一阶段，客户工业已逐渐由劳动密集型向技术密集型转变。1985年，墨西哥修改了有关客户工业的法律，允许客户加工企业将其20%~50%的产品销往墨西哥市场。1994年，墨西哥加入《北美自由贸易协定》后，逐渐提高了可在本国市场销售的客户加工产品的比例，这一比例在2001年达到100%。至2002年，客户加工企业增至3316家，其中80%集中在北部边境地区。客户工业的就业人数达107万人，加工产品的年增值额达到192亿美元。

墨西哥政府为促进客户工业的发展，向客户加工企业提供一系列优惠条件，主要包括：企业进口设备、原料及零配件可以免税；产品加工后再出口时仅征收增值税；出口零配件或组装产品无须支付增值税和出口关税；允许产品纳税后在墨西哥国内市场销售；享受墨西哥国民待遇。

目前，墨西哥客户工业主要分布在以下行业：电子、电脑、机械设备、电器及其元件；服装加工；汽车及其零部件；木材制品和家具；鞋类和运动用品；工具和食品。其中，汽车及其零部件、电器及其元件客户工业是墨西哥最重要的客户工业，两者的产值之和和从业人员数量之和均占墨西哥客户工业的50%左右。

经过半个世纪的发展，墨西哥客户工业已从劳动密集型向技术密集型和资本密集型转变，生产技术水平不断提高，企业规模逐步扩大，分布地域从北部边境扩展到内地，设立加工企业的国家和地区也不断增多。

2009年，中国联想集团在墨西哥北部工业城市蒙特雷建成加工厂和技术中心，时任墨西哥总统费利佩·卡尔德龙·伊诺霍萨参加了加工厂的落成典礼。该项目的投资达4000万美元，是联想在外国开展的第二大投资项目。联想加工厂落成后，可创造约1000个直接就业机会和同等数量的间接就业机会。

第五节 进口法规

一、关税

墨西哥是世界贸易组织的成员国，其进口关税率主要援用《关税与贸易总协定》的海关估价法，对进口商品征收若干种从价关税，关税率为不超过20%。墨西哥关税经常变更，变更通知在《官方日报》公布。对墨西哥有出口业务的公司要经常关注《官方日报》的消息，也可以要求海关代理及时通报相关税率的变更情况，以免因不知情造成损失。

墨西哥的海关关税、海关手续费、增值税等进口税费要以比索支付，墨西哥海关根据货物抵达墨西哥口岸当日的官方汇率将货物价格换算成比索。进口税费的缴纳基数为货物的离岸价格和海洋运费之和。

墨西哥海关规定，假如进口价格是“成本加运费”或“成本加保险费加运费”，远洋运费在报关时要分列成海洋运费和内陆运费。海洋运费是指出运港口到墨西哥港口的运费，内陆运费是指墨西哥港口至内陆海关的运费。海洋运费计入进口税费的缴纳基数，而内陆运费则不计入进口税费的缴纳基数。

墨西哥海关以前要求进口商每年从海运公司开具运费分列证明，现在则由进口商自行掌握。建议进口商就如何分列运费取得海运公司的书面确认，而且每隔1年~3年与海运公司再进行一次书面确认。

墨西哥海关对各类进口商品征收海关附加税（亦称“海关服务费”），税率为进口商品离岸价格和海洋运费之和的0.8%。墨西哥海关规定，若进口商运抵墨西哥的实际进口商品超过商业发票所注明进口量的10%，或运抵商品属于商业发票未开列的商品，海关将把这些商品作为违禁品予以没收，同时对进口商处以罚款。

二、单证

墨西哥海关规定，外国商品进入墨西哥以前，必须办理以下单证：

（1）商业发票：由出口商

签字并注明开具发票的地点和日期、出口商和进口商的姓名及详细地址、与发货有关的一切费用（含运费和保险费）等内容。中国出口商提供的中文或英文原始发票须附一份西班牙文翻译件。发票原件或复印件须附有出口商关于发票所开列的货物价值和其他单证绝对真实可信的声明。货物使用空运时，出口商应将发票交给承运人并在发票复印件上注明空运运单的号码。

（2）原产地证明：玩具、鞋类产品、纺织品、服装、化工产品、自行车、电机设备、手工工具、管道安装配件等产品需要原产地证明才能向墨西哥出口。上述产品的出口额不超过1000美元时不需要提交原产地证明。原产地证明还须由被有关各方接受的商会提供书面担保，通常的方式是由商会出具经过公证的担保书。

（3）装箱清单：出口商须向墨西哥海关提供装箱清单，出口商提供的中文或英文装箱清单要附上西班牙文翻译件。装箱清单必须注明总毛重、总净重和装箱明细。墨西哥海关不要求出口商单独提供装箱清单，装箱清单可以在商业发票上列明。

（4）提单：提单必须注明所发货物的商标、数量、包装、重量、价格、发货人和收货人的名称及详细地址、目的港、产品说明书、承运清单号码、承运人正式接货装船的日期和签字。

（5）质量保证书：产品进入墨西哥时必须提供西班牙文的质量保证书，质量保证书必须注明产品型号和保修期限等。

（6）产品使用说明书：产品进入墨西哥时必须提供西班牙文的产品使用说明书，说明书必须注明产品的型号、质量、安全性、使用时的注意事项等。

（7）产品小标签：产品进入墨西哥时，大小（内外）包装都必须有小标签。不同产品的小标签的内容也不相同。

（8）木箱熏蒸证明：包装用木箱如果使用的是加工过的木材（如三合板等），则不用提供出口国的熏蒸证明和在包装木材上盖熏蒸章。但如果使用的是未经加工的原木，则必须提供出口国的熏蒸证明和在包装木材上盖熏蒸章。

（9）墨西哥国家安全标准证书：凡是面向儿童销售的电子玩具等产品，必须办理墨西哥国家安全标准证书。证书由墨西哥标准化认证协会和墨西哥电子标准化认证协会等机构办理，有效期为从货物出关日算起的一年。墨西哥国家安全标准证书使用电子版，办证机构把电子版证书上传给墨西哥海关后，海关凭证书编号进行查询，证书有效才能放行货物。

（10）完纳海关关税和手续费证明：假如进口货物不是进保税仓，而是完税出关，则进口商必须先付清海关关税和手续费，并把付税费证明递交给海关。

出口商办理了上述单证后，海关代理将向墨西哥海关确认提单，并取得海关发给的确认号，接着就可以办理目的地申报。

最后还必须进行电子报关，具体方法是登陆墨西哥海关总署网站，输入公司名称、税号、货物价值、进口产品名称等信息进行申报，并提供远洋运费说明、产品出厂编码（产品序列号）、墨西哥国家安全标准证书、提单、目的地申报文件等资料的电子件。

办理了上述手续后，海关代理就可以正式向墨西哥海关报关出柜了。

三、仓储

进口商品运抵墨西哥港口的仓库后，7天之内免交一切仓储费，从第8天起将按规定征收一定的仓储费。进口商如因缺少资金、没有仓库或仓库太小等原因而无法直接把货物从海关提出，那么他可以把货物从海关提出存放到海关仓中。在这种情况下，进口商暂时不用交纳关税、海关手续费和增值税等。墨西哥各地有很多海关仓，海关仓都是由经过墨西哥海关总署批准的私人公司经营的。

货物存放到海关仓的好处是：

（1）不用一次性支付进口关税，可以进行分期支付。

（2）货物如需运返原地或转运到第三国，可以直接运走而不用支付任何税收。

（3）货物存放到海关仓后，进口商可以慢慢考虑货物是选择临时进口还是最终进口。

（4）假如进口商没有办理好进口许可证或进口许可证被取消，可以先把货物存放在保税仓，然后把货物卖给有进口许可证的公司，由买家自己完纳关税后至海关提货。

（5）假如进口商没来得及办理墨西哥国家安全标准证书或证书已过期，可以临时把货物存放在海关仓，等办理好证书后再提货。

（6）海关仓的存货凭证可以作为抵押凭证向墨西哥或其他国家的银行和其他金融机构申请贷款。

第六节 墨西哥入境须知

一、提前备妥资料

搭乘国际航班进入墨西哥的旅客，应事先准备好与所持签证种类相符的个人信息，包括在墨西哥住址或入住酒店名称、地址、电话，在墨西哥联系人姓名、地址、手机号码，以及个人银行信用卡等。如不会讲西班牙语，请务必事先将有关信息打印或抄写在纸上并随身携带。墨西哥移民官员不允许旅客现场打开电脑或手机查询。入境时，墨西哥移民官员会在您的入境卡上盖章并撕下半张交还给您，请您在墨西哥停留期间，全程携带入境卡备查。当您出境时，移民局将收回该卡片，请务必妥善保留。

二、如实回答问题

入境时请如实回答墨西哥移民官员提问并配合提供相关信息，否则即使您持有墨西哥签证，移民局仍有权拒绝您入境。事先须搞清楚自己获得的签证种类，当被问及入境目的时，您的回答须与签证类别相符。

三、遵守检疫规定

根据墨西哥农业、牧业、农村发展、渔业和食品部相关规定，旅客不得携带以下物品入境：

1. 奶制品和乳酪。

2. 各种肉类。

3. 蛋、禽及任何用于种植的种子。

4. 新鲜果蔬及带壳的核桃。

5. 土壤、草梗、饲料、海产品。

6. 谷物（菜豆、大米、玉米等）。

7. 动物标本。

四、规范海关申报

1. 请完整填写海关申报单并签字。

2. 18周岁以上旅客最多可免税携带10小盒香烟、25支雪茄或200克烟草入境，超过规定数量应向海关申报并纳税。

3. 如您携带现金、待收现金票据或两者相加总金额超过1万美元或等值本国和外国货币，须如实填写海关申报单申报。

4. 除普通行李外，您可免税

携带价格不超过500美元的商品入境，如您携带商品超过该价格，须填写海关申报单申报并纳税。

五、24小时内无签证过境将被限制活动自由

持中国公务普通护照或普通护照且有赴第三国签证者（包括第三国免签的情况），过境墨西哥城国际机场、并将于24小时内转机赴第三国者可事先不办理墨西哥签证。但旅客在机场停留期间，其活动区域将被严格限制在一封闭候机厅，航空公司将在航班起飞前1小时引导旅客登机，并负责办理行李转运手续。

六、有困难找使馆

中国驻西哥大使馆领事保护电话00521-55-20936210，如遇困难，可拨打上述电话求助。如墨西哥官员不允许您现场使用手机，可要求对方拨打上述号码与使馆沟通。墨西哥机场移民和海关官员通常会对中国公民严格检查，请大家做好思想准备，保证自己不违规。如遇盘查，请从容应对，切勿企图靠行贿过关，否则会给自己招来更大麻烦。

第三章 中墨关系

ZHONG-MO GUANXI

第一节 历史回顾

一、大帆船贸易

中墨关系源远流长，两国的交往可以追溯到16世纪中叶。1565—1815年，西班牙殖民者开辟了菲律宾马尼拉至墨西哥阿卡普尔科港的海上航线。这条航线运行了250年，通过这条航线，中国的陶瓷和丝绸等商品被运到墨西哥，墨西哥的玉米、辣椒等农产品被带到中国。这条航线被后人称为“太平洋丝绸之路”，其使用的大帆船被墨西哥人称为“中国之船”。

今天，阿卡普尔科市的历史博物馆中还陈列着许多产自中国的陶瓷、丝绸服装以及一艘“中国之船”的模型。正是这条“太平洋丝绸之路”，使阿卡普尔科从一个小渔村发展成大城市。为纪念“太平洋丝绸之路”和“中

墨华艺术团在2010年“中国之船”文化节中演出

国之船”，阿卡普尔科市政府把每年的11月17日定为“中国之船”文化节。受中国驻墨西哥使馆的委派，墨西哥华人华侨社团联合总会下属的墨华艺术团多次参加了该文化节的文艺演出。

二、墨西哥独立后的中墨关系

墨西哥独立战争爆发后，大帆船贸易逐渐衰落，但中墨关系仍在发展。见证这一时期中墨关系发展的是墨西哥城的中国钟。

1910 年，墨西哥庆祝独立战争爆发100 周年，清政府派特使携带作为礼物的铜钟赴墨西哥城参加庆祝活动。墨西哥华侨社团为铜钟集资修建了一座钟楼，墨西哥人称该钟楼为“中国钟”。1913年，钟楼在墨西哥内战中被毁。1921年9月27日，在墨西哥宣告独立100周年纪念日前夕，墨西哥华人筹资重建了被毁的钟楼。钟楼重建时，把原来的铜钟换成了现在的四面时钟。

中国钟位于墨西哥城最繁华的改革大道旁边的布加勒里大街。钟楼高15米，呈四方形，四根立柱支撑着黑瓦覆盖的拱形楼顶，拱顶的四面各镶嵌着一个装饰华丽的大钟。大钟镶有翡翠指针，洁白无瑕的表盘衬托着黑色的阿拉伯数字。整个钟楼由基座和主体组成。主体分为四部分，由下往上分别是时钟的维护保养层、时钟和内部机械的安放层、自鸣钟的安放层及拱顶。基座四面各镶嵌着一块由乳白色大理石

墨西哥城的中国钟

雕刻而成的徽章形碑，其中正南的石碑刻着“旅墨华侨纪念墨西哥独立一百周年建赠　1821年9月27日—1921年9月27日”。

布加勒里大街的不少旧建筑物已随岁月逝去，新建筑不断出现，但中国钟依然屹立不倒，继续见证着中墨两国的友谊。

三、现代中墨关系

1949年中华人民共和国成立至20世纪60年代末，中墨两国虽然没有建交，但民间友好往来不断。1972年，中墨两国正式建立外交关系，墨西哥成为最早与中国建立外交关系的拉美国家之一。1973年4月，时任墨西哥总统路易斯·埃切维里亚·阿尔瓦雷斯率领庞大的代表团访问中国，受到中国政府和人民的隆重接待，两国签订了贸易协议和文化交流协议。

中墨建交后，两国高层领导人互访频繁，极大地促进了两国的政治、经济、文化合作，加深了两国人民的友谊。

第二节　经贸关系

一、现状

据墨西哥国家统计局统计，2013年中墨双边贸易额为677.89亿美元，其中中国对墨西哥的出口额为613.22亿美元，墨西哥对中国的出口额为64.67亿美元，中国超过加拿大成为墨西哥第二大贸易伙伴国。中国现为墨西哥的第四大出口目的国和第二大进口来源国。

中国对墨西哥的主要出口商品为机电产品，2013年其出口额为384.2亿美元，占中国对墨西哥出口总额的62.66%。其他大宗出口商品还包括家具、玩具、塑料和橡胶制品等。墨西哥对中国出口的主要商品为矿产品、机电产品和运输设备，较次要的出口产品还包括特基拉酒、科罗娜啤酒、纺织品原料、食品、饮料、陶瓷、玻璃和木制品等。

二、回顾

1972年中墨两国建交时，中墨双边贸易额仅为1299万美元。由于中国刚对外开放，对外贸易发展缓慢，因此1989年时中墨贸易额仅增加至1.9亿美元。

中墨贸易迅猛发展是从1990年开始的。当时中国加快了改革开放的步伐，对外贸易开始走上快车道。20世纪90年代，中国对墨西哥的主要出口产品是纺织品、轻工日用品（自行车、节日灯、风扇等）、工艺品（草制品、塑料制品等）、五金工具、化工产品、机电产品（机床、电机、机床附件、起重产品）等。

由于中墨贸易不平衡、中国产品对墨西哥企业产生冲击等原因，墨西哥政府于1993年对中国实行反倾销。2001年中国加入世界贸易组织后，尽管墨西哥对中国的反倾销继续有效，但在非反倾销领域（如机电产品、化工产品、汽配产品等），中国产品仍然大量进入墨西哥市场。2005年，中墨双边贸易额已上升至187.64亿美元，其中中国对墨西哥的出口额为176.3亿美元，墨西哥对中国的出口额为11.34亿美元。

近年，墨西哥逐步取消了对中国的反倾销。

三、展望

中墨贸易不平衡问题还会继续存在。为减少对华贸易逆差，墨西哥采取了一些措施。第一，由驻上海、广州等地领事馆和墨西哥旅游部在中国各地举办墨西哥旅游推介会，介绍墨西哥的旅游资源，以吸引更多的中国游客。第二，积极促进鸡肉、猪肉、龙舌兰酒等农副产品的对华出口。第三，积极吸引中国企业到墨西哥投资，如利用在墨西哥办国际汽配展览的机会，吸引中国企业到墨西哥办厂。

第三节 双边投资

中墨双边投资始于20世纪80年代，但投资规模不大，仅限于港口疏浚、纺织等少数领域。近年来，中墨双边投资取得了长足的发展。2005年，两国政府签署了《避免双重征税和防止偷漏税的协定》。2008年，两国政府又签署了《关于促进和相互保护投资的协定》。上述两项协议为中墨双边投资提供了保障，增加了两国投资者的信心。目前，不仅有墨西哥跨国公司在中国投资，而且有相当多墨西哥公司对中国市场感兴趣。与此同时，联想等中国企业也在墨西哥设厂，而且有很多中国企业看好墨西哥的投资前景。

一、中国在墨投资

据墨西哥经济部统计，中国在墨西哥的投资来源国中排第32位。截至2013年底，中国对墨西哥累计投资超过4亿美元，有近60家中国企业在墨西哥投资，主要涉及石油、天然气勘探测绘、打井及钻井的维修、电信、矿业、电视机生产、铜管加工、纺织服装和农业开发等领域。另据预计，中国对墨西哥的投资会扩展到旅游等服务行业。

2014年，中国电信设备制造商华为公司在墨西哥投资15亿美元，用于在克雷塔罗州建设全球技术服务中心、区域网络运行中心、区域技术创新中心和区域技术培训中心等四大通信中心。这是中国企业在墨西哥的最大一笔投资，超过了过去十年中国在墨西哥投资的总和。四大通信中心建成并投入使用后，将为墨西哥创造1100多个就业岗位。

墨西哥科罗娜啤酒

二、墨西哥在华投资

墨西哥对中国的投资始于1991年。截至2012年底，墨西哥在华累计投资177个项目，实际投入金额1.06亿美元，主要集中在仓储、房地产、冶金、食品、化工、旅游宾馆、物流、机电、建材等领域。墨西哥对华投资大多分布在江苏、上海和浙江等地。

三、中国在墨西哥的投资前景

墨西哥是拉美地区的主要出口国之一，出口在墨西哥国内生产总值中所占比重高达34%。墨西哥也是拉美地区的主要外国投资吸收国之一，2013年吸收外国直接投资达382.86亿美元，在拉美国家中排名第二。

近年来，墨西哥很多地方政府专门制作了针对中国企业的招商引资宣传手册和光盘，详细介绍当地的经济社会发展概况、基础设施、交通、通信、工资、成本、经济结构特点等。例如，奇瓦瓦州的招商引资宣传材料重点推荐当地的客户工业区，以吸引中国汽车制造商到当地投资建立汽车及汽车零部件加工企业。

墨西哥拥有广泛的自由贸易网络、众多的客户工业园区和充足的劳动力资源，这是吸引中国企业到墨西哥投资的有利因素。此外，墨西哥政府已部分开放石油、石化、电力等领域，这将吸引更多中国企业到墨西哥投资。可以预见，中国在墨西哥的基础设施、农业、海产品、矿业和能源等领域将有更广阔的投资机会。

第四节 科技合作

一、墨西哥的科技管理体系

墨西哥有着健全的科技管理体系，总统科技顾问委员会、国家科学技术委员会和外交部国际科技合作局是墨西哥的三大科技管理机构。

墨西哥总统科技顾问委员会成立于1991年，由64名曾经获得国家科学和艺术奖的科学家组成，经费从总统府预算中拨给。该委员会是总统的科技咨询机构，主要职能是向总统反映科技界的意见和要求、帮助总统制定科技政策和发展规划等。

墨西哥国家科学技术委员会成立于1970年，是墨西哥的最高科技领导机构，其主席由总统任命。国家科学技术委员会的对内职能是执行国家的科技政策、制定国家的科技发展规划、协调各方面的科研活动、管理科研经费、促进科技人才培训和信息交流、开展科技活动、对全国生产和教育部门进行技术调查、就科技问题向政府提供咨询等，对外职能是执行国际科技合作协定、给到国外进修的学者提供经费、给到国外留学的学生提供国家奖学金等。国家科学技术委员会有28个研究中心，包括19个自然科学研究中心和9个社会科学研究中心。国家科学技术委员会还是政府各部门、各科研机构和各生产企业的科技咨询机构。

外交部国际科技合作局是墨西哥的对外科技合作管理机构，主要负责与外国签订科技合作协定、与有关国家举行科技混合委员会会议、确定国际科技合作项目、指定执行国际科技合作项目的国内机构等。

二、墨西哥的科研体系

墨西哥拥有比较完善的科研体系，科研机构分为政府、企业和高等院校等三大系统。2012年，墨西哥的科研投入占国内生产总值的0.43%，政府计划在2018年把科研投入在国内生产总值中所占的比重提高到1%。2013年，墨西哥共有2.5万名科研人员，其中在墨西哥国家科学技术委员会全国研究员系统进行登记的国家级科研人员为7500人。墨西哥科研人员主要是工程技术人员，其次为生物技术人员和农业技术人员。

墨西哥的科研人员和科研活动主要集中在大学，如墨西哥国立自治大学有30个研究所，集中了全国近50%的科研活动。其他主要科研机构还有墨西哥科学院，墨西哥工程院，能源部下属的墨西哥石油研究所和国家核能研究所，农业、畜牧业、农村发展、渔业及食品部下属的国家林业农业和渔业研究所，国际农业咨询委员会下属的国际玉米小麦改良中心等。

墨西哥的科技水平在拉美处

于领先地位，其优势领域为环境和气候（包括地球观测）、遥感技术、医疗卫生、近海石油勘探和开采、高土石坝设计和施工、建材生产、食品加工、糖尿病及心脏病的研究和治疗、生物制药、鞋类和皮衣的制作、亚热带植物的种植和利用等。此外，墨西哥在超导材料、常温核聚变、核物理、生物技术等领域也有一定的地位。

三、中墨科技合作

自1973年以来，中墨两国确定了数百个科技合作项目，双方在农业、渔业、矿业、石油化工、通信、水产养殖、中医、农村发展、社会发展和自然科学等领域进行了广泛的交流。

中国科技人员赴墨西哥考察和学习的领域包括：石油深井钻探、油田气综合利用、流沙地区的钻井工艺、润滑油添加剂、建筑工程抗震、造纸、医药、气象、地震预报、银胶菊和剑麻的加工、蔬果育种栽培、土壤研究分析、海洋捕捞、药用植物、高堆石坝、软土工程地质、银矿勘探开采、地下连续墙设计施工、明矾石提炼硫酸钾工艺、海相硫酸盐地区的石油勘探开采、棉花的生产和研究等。

墨西哥科技人员在中国考察和学习的领域则包括：畜牧兽医、粮食作物和经济作物的种植、水利、水土保持、气象预报、淡水渔业、沼气利用、小水电、养蚕和丝织、陶瓷、竹木家具、地震预报、城市绿化、更新造林及其开发、针灸、断肢再植技术、生物防治、皮肤病治疗、哮喘病治疗、气象仪器生产、土建工程、水生植物和生态系统等。

第五节　文化交流

1972年中墨建交以来，两国在文化、教育、体育、卫生等方面开展了广泛的合作和交流。1978年，中墨两国签署了文化合作协定，同时建立了中墨文化教育合作混合委员会，负责商议每年度的文化交流计划。此后，中墨文化交流不断，墨西哥是与中国进行文化交流最频繁的拉美国家之一。

一、艺术交流

中墨建交以来，中国中央歌舞团、天津京剧团、云南杂技团、贵州杂技团等艺术团体先后赴墨西哥演出，中国还多次派艺术团体参加墨西哥瓜纳华托市举办的塞万提斯国际艺术节。与此同时，墨西哥韦拉克鲁斯大学民间舞蹈团、墨西哥三重奏小组、教师民间歌舞团、墨西哥国立自治大学合唱团等众多艺术团体也先后赴华演出。

近年来，中国驻墨西哥大使馆和墨西哥华人华侨社团联合总会等华侨组织，纷纷参与到中墨文化交流活动中。他们多次参加墨西哥城政府组织的春节花车游行，并连续几年参加墨西哥城国际文化节活动。墨西哥华人华侨社团联合总会还组织文艺队，在墨西哥城和各州举办巡回演出并

墨西哥城春节花车游行中的
中国大使馆花车

墨华艺术团在墨西哥城移民分局演出

参加各市政府举办的文化节，受到墨西哥观众的一致好评。

二、教育交流

中墨两国自1973年起互派留学生。根据两国签署的文化交流协议，中国每年派30名学生到墨西哥进修。中国学生主要学习西班牙文，兼习拉美及墨西哥的文学和历史，也有少数进修生学习其他科目。该交流项目一直持续到1987年，期间中国共向墨西哥派出151名留学生。这些留学生大多来自外交、外贸、教育、新闻、文化等领域，他们回国后成为各自单位的骨干。为数不少的中国驻拉美使馆的外交官、大学西班牙语教师、从事对拉美贸易的外贸人员和从事拉美研究的学者都曾在墨西哥留学。近年来，自费赴墨西哥留学的中国学生呈上升趋势。

2006年2月，中墨两国签署关于中国在墨西哥国立自治大学、新莱昂自治大学、瓜达拉哈拉大学和尤卡坦自治大学建立孔子学院的谅解备忘录。近年来，墨西哥的孔子学院为墨西哥培养了大批中文人才。

20世纪70年代在墨西哥的中国留学生

三、体育交流

20世纪70年代，中国开始向墨西哥派出体育教练，当中包括世界乒乓球锦标赛冠军得主郗恩庭。2002年，中国国家体委和墨西哥体委达成协议，中国于翌年

中国在墨西哥的体育教练团

首次向墨西哥派出规模庞大的体育教练团。中国教练在跳水、乒乓球、举重、羽毛球、射箭等五个项目取得了墨西哥国家队教练的职位，并带领墨西哥国家队在国际和洲际体育赛事中取得优异成绩，受到墨西哥体委的充分肯定。

目前，在墨西哥工作的中国教练人数保持在30~40名，教练项目包括跳水、射箭、举重、田径、游泳、艺术体操、击剑、射击、猎枪射击等。值得一提的是跳水教练马进，她在墨西哥培

马进和保拉·埃斯皮诺萨
（马进提供）

养出了一批优秀的跳水运动员，包括被誉为“跳水公主”的保拉·埃斯皮诺萨。保拉·埃斯皮诺萨不但夺得了跳水世锦赛冠军，还和队友们包揽了2011年泛美运动会跳水项目的全部8块金牌，这是墨西哥跳水项目的历史性突破。为表彰马进为中墨体育交流做出的贡献，墨西哥前总统费利佩·卡尔德龙·伊诺霍萨授予马进“阿兹特克雄鹰勋章”，这是墨西哥政府授予外国人的最高荣誉。

四、卫生交流

中墨建交以来，两国的卫生交流得到健康的发展。由于墨西哥在心脑血管病和糖尿病的研究和治疗上处于世界先进水平，多年来中国一直派专家赴墨西哥学习他们在上述领域的先进经验。中国的中医（尤其是针灸和推拿按摩）在墨西哥一直口碑甚佳，倍受墨西哥人的欢迎。2002年，墨西哥政府颁布《针灸管理条例》，从法律上规范了针灸活动。多年来，有不少墨西哥医生赴中国学习针灸和推拿，从事针灸和推拿的医师数量不断增加。据估计，目前墨西哥已有 1 万多名针灸医师和推拿医师。

第六节 墨西哥华人

一、墨西哥华人简史

最早到达墨西哥的华人，是于1565—1815年间在“中国之船”上工作的中国船员。19世纪70年代，美国商人承建由美国南部边境城市埃尔帕索至墨西哥城的铁路，美国加州的华工从1875年起受雇到墨西哥修建铁路。1899年12月14日，清政府与墨西哥签订了《中墨通商条约》，两国正式建交。当时墨西哥实行鼓励外国投资和移民垦殖的政策，旅墨华侨遂逐渐增多。

17世纪初墨西哥仅有少数华人，1895年增至1000多人，1904年增至8000多人，1910年增至1.32万多人，20世纪30年代增至4万多人。17世纪初的墨西哥华人主要为银匠和剃头匠，20世纪初的墨西哥华人则多为铁路工人、农业工人和采矿工人，或从事洗衣业、零售业、餐饮业，也有少数农场主、医生和商人等。

二、普埃布拉的中国姑娘

离墨西哥城不远的普埃布拉市矗立着一座雕像，雕像的形象是一位手曳彩色长裙、眺望着远方的中国姑娘，这就是在墨西哥家喻户晓的“普埃布拉的中国姑娘”雕像。关于这座雕像，流传着一个美丽的传说。

相传这位中国姑娘名叫美兰，17世纪初出生于中国的一个富裕家庭。在一次海上航行中，美兰不幸被海盗劫持并被作为奴隶在马尼拉市场上出售。一名墨西哥商人买下美兰后将她带到阿卡普尔科港，后转卖给普埃布拉

普埃布拉的中国姑娘雕像

的大商人米格尔·索萨。美兰美丽朴实、聪明伶俐，赢得了主人的好感。主人米格尔·索萨解除了美兰的奴隶身份，将她收为义女，并引领她加入天主教，取教名为“卡塔丽娜·德·圣胡安”。

美兰擅长刺绣，她绣出的图案精美绝伦、色彩鲜艳，深受当地妇女喜爱。中国的刺绣工艺很快在普埃布拉传播开来，普埃布拉成了墨西哥著名的刺绣服装产地。根据当地传说，美兰设计了一款裙衣，这款裙衣后来被称为“普埃布拉的中国姑娘裙衣”。裙衣的上身是一件绣花的白色褶边衬衣，配一条丝绸披肩；腰部是绣花腰带；下面是色彩鲜艳的宽摆绣花长裙，内配白色花边衬裙。这款裙衣受到当地妇女的喜爱，并在墨西哥中部和东南部等地区广泛流行。墨西哥革命结束后，普埃布拉的中国姑娘裙衣与“恰罗”骑士服一起，成为墨西哥民族服装的代表。

美兰于1688年去世，享年82岁，死后被埋葬在普埃布拉一座名为“与耶稣为伴”的教堂。现在，这座教堂被当地老百姓称为“普埃布拉的中国姑娘墓”。美兰的故居在普埃布拉城内，现为一家名为“卡塔丽娜”（美兰的西班牙文名字）的饭店。

为表彰美兰的功绩，当地人民为她修建了一座雕像，即普埃布拉的中国姑娘雕像。雕像位于普埃布拉市东面的一个街心花园，青花瓷砖砌成的低矮院墙围绕着宽阔的喷水池，水池中央10米高的圆台上矗立着眺望远方的中国姑娘塑像。中国姑娘身穿色彩鲜艳的绣花裙衣，双手拎着宽大的裙摆，仿佛在展示自己设计的服装，又好像在向人们诉说思乡之情。

美兰在墨西哥的奇遇是中墨友好关系史上的一段佳话。

三、李氏家族与墨西哥

1911年，广东省香山县（今

中山市）年仅12岁的农家少年李照开，因与父母闹别扭而离家出走，阴差阳错地到达了墨西哥的马萨特兰。在马萨特兰，李照开得到一对姓彭的华人夫妇的帮助，很快便融入了当地的生活。李照开给自己取了西班牙文名字“胡安·李”。

1918年，李照开帮助墨西哥革命军将军阿尔瓦罗·奥布雷贡筹买了马匹所需的粮草，得到后者的酬谢。1920年，李照开谢绝了时任总统阿尔瓦罗·奥布雷贡的任命，选择留在马萨特兰并办起了当地第一家电影院——奥布雷贡电影院。其后，李照开的生意几经起伏。

1954年，李照开举家迁到库利亚坎市并买下当地一间杂货铺。李照开的6个儿子和3个女儿，以及后来陆续出生的孙辈们，都曾是这间杂货铺的员工。1966年，李照开在库利亚坎开设了第二家商铺，这就是第一家李家超市。

1969年，李照开去世，长子李华文接管李氏集团。历经百年沧桑的李氏家族，现在人丁兴旺，家族成员超过200人。李氏家族事业兴隆，经营范围包括商贸、种植、养殖、加工、物流、旅游、房地产、体育等多个领域。李氏集团在墨西哥各地拥有250多家李家超市，其规模在墨西哥连锁超市中居第三位。李氏集团还拥有自己的现代化货物配置中心和集装箱运货车队，以及一个年出栏6.5万头牛的牧场、一个能月宰1000头猪和9000头牛的现代化屠宰场、一个占地15公顷的温室种植园、4500公顷耕地和6条农产品分拣包装线。

20世纪80年代初，李照开的另一名儿子李子文接受墨西哥外交部的邀请，担任墨西哥驻中国大使馆的文化专员，开始了职业外交官的生涯。李子文之后分别出任墨西哥驻上海总领事、墨西哥外交部亚太司司长、墨西哥驻印度尼西亚大使和墨西哥驻中国大使，为增进中墨两国的友谊和合作做了许多工作。

四、墨西哥华人的现状

墨西哥政府对旅墨华人及其亲属的移民一直多有限制，因此墨西哥华人数量不多。墨西卡利和蒂华纳是与美国接壤的边境城市，华人在此地聚居已超过100年，这两地至今仍聚居着大量华人，他们主要来自广东的江门和中山。

值得一提的是蒂华纳的华人社区。该社区形成于100多年前，历经几度兴衰，现在已有一定规模。如今蒂华纳的华人超过1万人，是墨西哥华人最集中的地区之一。当地不少华人过着双城生活，他们把家安在美国的圣迭戈市，白天去蒂华纳上班，晚上回到圣迭戈家中。蒂华纳的华人主要经营中餐馆，全市250多家餐馆中的近半数是华人经营的中餐馆。中餐馆分三种经营模式：一是专门经营地道的粤菜，顾客对象为华人；二是经营改良过的粤菜，菜式中加入了墨西哥菜的口味，顾客对象多为墨西哥人；三是小型咖啡餐厅，主要经营咖啡和包点，兼做粤菜小炒，客户对象为墨西哥人。

20世纪90年代，随着中国的改革开放和墨西哥放宽对中国的移民政策，越来越多的中国人前往墨西哥定居。据估计，目前墨西哥约有3万华人，其中1万多人居住在墨西哥城，2万多人居住在下加利福尼亚州和索诺拉州等接近美国的边境地区。

墨西哥城唐人街中国牌楼

第四章 墨西哥经商指南

MOXIGE JINGSHANG ZHINAN

第一节 公司管理

一、成立公司

墨西哥的公司类型主要有股份公司、有限责任公司、民事公司、民事协会、私人援助机构和合作社等，其中前两者是最主要的公司类型。这里以成立股份公司和有限责任公司为例，谈谈外国人如何在墨西哥成立公司。

1. 委托公证行办理注册手续

墨西哥规定，股份公司或有限责任公司的最低注册资本为5万比索，分成5万股。公司至少需有2名股东，股东可以是自然人或法人、墨西哥人或外国人。每名股东须至少认购1股。如果具备上述条件，申请人就可以委托公证行注册成立公司。

申请人可以委托任意一间公证行办理注册手续，但考虑到各类公证文件的认证必须在公证行所在地办理，因此最好选择公司注册地的公证行办理。

委托公证行办理公司注册时，假如委托人已加入墨西哥籍，就只需提供委托人的选民证复印件。假如委托人为外国人，就须提供委托人的护照和在墨西哥的合法逗留证明（工作签证或商务签证）的复印件，并提供公司的外国股东的入境纸。

委托人提交公司注册所需文件后，公证行就可以报墨西哥外交部条法司批准，并在州（或首都联邦区）公共财产登记处进行登记。正式的公证注册文件需要在墨西哥公证员协会进行登记，这一过程往往要持续1个月甚至1年。因此，委托人可以要求公正行先出具一份具有法律效力的确认文件，直至拿到正式公证注册文件为止。

注册成立公司时，申请人需

提供公司的注册地址，建议尽量使用商业用地或工业用地的地址，但小型公司也可以提供住宅用地的地址。申请人应提供多个新公司的名字，以便在首选名字已被其他人注册时，公证行可以从其他名字中挑选。注册成立公司时，应使公司的经营范围尽量大，以便日后公司改变或增加经营范围时，注册文件仍然有效。此外，如果公司有外国股东，还必须在经济部下属的全国外国投资委员会进行登记，以确保公司受到《外资法》的保护。

2. 办理税务登记

取得公证行出具的确认件后，申请人就可以到公司注册地的税务分局办理公司税号。假如公司在注册地以外的地方有仓库，须在办理税号的同时登记仓库的地址。此外，申请人还须向财政和公共信贷部下属的税务总局申请公司的电子签字。办理了税务登记后，申请人就可以建立自己的电子库存系统、发票系统和报税系统。

3. 开设银行账户

申请人须到银行开设美元账户和比索账户，拿到支票本；开设银行账户的同时，还须开通网银并拿到密钥。此外，申请人还须就美元的买卖和汇出到银行外汇管理部进行登记。

4. 办理进口许可

有进口业务的公司，须向税务总局下属的海关总署申请进口许可。近年来，墨西哥海关对进口许可的审批越来越严格，为使进口许可尽快获批，建议委托相关的代理公司进行办理。办理了进口许可证后，申请人须在财政部网站登记公司的进口文件。最后，申请人还须与远洋运输公司签订运输委托协议和付款协议，并与海关代理签订代理协议。

5. 社保和公积金登记

申请人须到公司所在地的社保分局办理员工社保登记，并到公司所在地的劳动者住房国家基金会办理员工住房公积金登记。

办理了社保和公积金登记后，新公司还须与工会签订集体工会合同。

6. 办理其他证照

新公司须办理消防证、环境合格证等证照。假如新公司从事医疗用品、食品等特殊产品的进出口，那么还须办理进口特别许可。

上述手续办完后，新公司就可以开始运作了。

二、各类证照

1. 消防证

墨西哥规定，厂房和仓库等必须办理消防证，消防证的有效期为一年，到期后要按规定续期。

办理消防证前，企业须请消防专家做民事保护计划，民事保护计划必须每年更新。假如厂房和仓库有煤气罐，还须由煤气罐专家出具产品合格报告和由煤气公司出具质量保证函。煤气罐的产品合格报告的有效期为10年，但煤气公司出具的质量保证函必须每年重新出具。

厂房和仓库必须配备灭火筒，灭火筒的数量和摆放位置由民事保护处决定。墨西哥原规定灭火筒必须每年更换灭火粉，但从2008年起只要求企业每年对灭火筒进行保养，并每隔4年为灭火筒更换灭火粉。灭火筒供应商在对灭火筒进行保养或换粉后，必须出具相关发票和质量保证函。

每年消防证到期前，厂房和仓库所在地的民事保护处将派人上门检查，检查项目主要包括民事保护计划是否更新、煤气罐专家出具的产品合格报告和煤气公司出具的质量保证函是否过期、灭火筒保养或换粉的发票和质量保证函是否有效、灭火筒的放置是否正确、紧急逃生标记是否明确醒目、逃生通道和汇合点是否被占用、工人的劳动安全保护用品（安全鞋帽、护腰带等）是否齐全、电线的铺设是否合理、煤气管道是否泄漏、易燃易爆物品（汽油、废纸箱、木箱等）是否妥善放置等。只有检查合格并交纳续期费后，民事保护处才会发给企业新的消防证。

民事保护处会不定期派人上门检查。如发现问题，民事保护处有权对企业进行罚款或封仓，并要求企业停业整改。民事保护处每年还会上门对厂房和仓库的工人进行免费的防火、灭火培训。

2. 环境合格证

墨西哥规定，厂房和仓库等必须办理环境合格证。环境合格证的有效期为一年，到期后须续办。

办理环境合格证前，企业须雇用垃圾收集公司上门收集垃圾，然后凭垃圾收集公司提供的发票和合同到所在地的环境处办理垃圾无污染证明。假如厂房和仓库存放着化学物品、放射性物品或有污染的物品，企业还须办理排水无污染证明，方法是请专门的检验所上门提取下水道的水样进行化验，并出具相关证明。取得上述证明后，企业就可以到厂房和仓库所在地的环境处办理环境合格证了。

3. 营业执照

墨西哥财政和公共信贷部规定，仓库必须办理营业执照。企业交纳了仓库占地税后，就可以凭付税单到当地的经济处办理营业执照。营业执照的有效期为一年，到期后须续办。假如逾期不办理，仓库所在地的经济处有权对企业进行罚款。

4. 商业登记证

墨西哥财政和公共信贷部规定，仓库必须办理商业登记证。企业交纳了仓库占地税后，就可以凭付税单到当地的经济处办理商业登记证。商业登记的有效期为一年，到期后须续办。假如逾期不办，仓库所在地的经济处有权对企业进行罚款。

三、外籍员工工作签证

墨西哥的移民事务由墨西哥移民局负责，移民局根据《人口总法》（1974年）、《移民法》（2011年）和《移民法实施条例》（2012年）对移民事务进行管理。墨西哥对外籍员工的工作签证有以下规定：

1. 雇主登记

凡是雇用外籍员工的自然人或法人（包括企业、学校、医院等），必须在墨西哥移民局办理雇主登记。雇主在移民局登记后，才能办理外籍员工的移民签证，包括新工作签证、工作签证延期、雇主变更、地址变更、工作签证改为长期居留签证等。

2. 结婚手续

外国人与墨西哥人结婚，无须到移民局办理相关许可，可直接到各地的民事登记处进行登记。为获得墨西哥居留身份而与墨西哥人假结婚者，将受到法律的严厉制裁，包括罚款和遣返原地。

3. 拒签范围

对于家庭团聚、外籍员工工作和人道性质的签证，申请人须先向墨西哥移民局提出申请，移民局批准后才能到墨西哥驻外使领馆办理入境签证。如果墨西哥驻外领事对当事人持有怀疑，他有权要求移民局对申请人进行重新评估。不过，上述签证的最终决定权仍然在移民局。其他类别的签证，可以直接到墨西哥驻外使领馆办理。

4. 签证类别

墨西哥将签证身份分为三类：一是临时访问者，最长停留时间为180天，到期必须出境，分为可以工作的临时访问者和不可以工作的临时访问者。二是短期居住者，最长居住时间为4年，分为可以工作的短期居住者和不可以工作的短期居住者（后者适用于外籍雇员的家属）。三是长期居住者，在墨西哥居住满4年的短期居住者可申请长期居留，墨西哥移民局将根据申请人的学历、工作经验和国际认知度等进行评分，决定是否批准其申请。

5. 外国雇员短期工作签证

雇主办理外国雇员的一年期工作签证时，需向墨西哥移民局提交公司注册文件、公司最近一份公证文件的复印件、雇主签字的申请函、雇员护照的复印件、公司税务登记证的复印件、公司最近一次付税证明的复印件、雇员的无犯罪记录证明、雇员的毕业证书和职称证书的复印件、公司雇员名单（包括所有雇员）。

墨西哥移民局批准雇主的申请后，将把批文交给外交部，由外交部把批文转到墨西哥驻外使领馆。雇员接到通知后，就可以到所在国的墨西哥驻外使领馆办理短期工作签证。墨西哥驻外使领馆有权拒绝雇员的签证申请。雇员进入墨西哥时，还须接受墨西哥机场移民局的检查，机场移民局也有权拒绝雇员入境并对其进行遣返。

墨西哥大首都区（包括墨西哥城、伊达尔戈州的1个市、墨西哥州的59个市）的签证手续可以在墨西哥城移民分局办理。

墨西哥移民局

四、股东分红

墨西哥规定，公司可以每年进行一次分红，也可以每隔几年进行一次分红。公司股东进行分红必须满足以下条件：

（1）公司必须有盈利，并

且已把财务审计报告上报给税务总局。

（2）公司必须建立税务盈利账目，账目应明确股东分红的金额。

（3）公司必须召开股东大会，审议并通过公司分红年度的损益表和资产负债表。如公司和银行或其他人签有借款协议，股东大会还须审查该协议有没有禁止或限制公司股东分红的条款。

（4）股东大会通过分红年度的财务报表后，还须召开第二次股东大会，就股东分红作出决议。股东大会作出决议后，公司须把结果上报税务总局。

（5）如果公司要向境外汇出外籍股东的分红款，必须先代外籍股东向税务总局申报其个人所得税。

（6）公司的税务盈利账目必须列明每年的分红金额，假如企业上一年度的盈利率低于分红当年的盈利率，公司必须补交企业所得税的差额。

墨西哥规定，分红只能以支票或转账支付，公司股东必须在支付凭证上签字。分红次年的2月15日前，公司必须把分红结果上报税务总局，上报内容包括股东姓名、地址、税号、分红金额等。收到分红的股东必须在次年的4月30日前报税，并提供公司代缴个人所得税的付税凭证。

五、呆坏账处理

在墨西哥经商，最头疼的事情是处理呆坏账。

1. 产生原因

呆坏账的形成，既有客观原因，也有主观原因。客观原因是，在墨西哥经商，几乎所有客户都会要求放账。主观原因是，很多华人刚到墨西哥经商，为尽快把生意做大，就冒险铺货，到处放账。在墨西哥从事进口批发的华人公司，都面临着产生呆坏账的风险。

2. 对公司的影响

墨西哥税务总局规定，增值

税按公司开具的销售发票上所列的增值税额进行征收，征收时可扣除公司的进项增值税额。因此，当公司已开出销售发票，但没有收到货款时，公司仍需缴纳16%的增值税。假如公司想从收入中扣除呆坏账发票的金额，那么公司须先向墨西哥地方法院的民事法庭起诉欠款客户。等法庭判决公司胜诉后，公司才能合法地把呆坏账发票的金额从公司收入中扣除。

对于没有开出销售发票，而只是以形式发票销售的产品，假如产生呆坏账的公司想把它从库存中减除，也须向墨西哥地方法院的民事法庭起诉欠款客户。等法庭判决公司胜诉后，公司才能合法地把这些产品从库存中减掉。

呆坏账少则几万元，多则几十万元甚至上百万元。如果公司的呆坏账太多，不仅需要白白支付大笔增值税，还会导致资金链断裂，从而使企业因严重亏损而倒闭。

3. 处理方式

对呆坏账的追讨，最直接有效的方式是上门追讨。假如上门追讨还要不回货款，就要委托律师进行追讨。墨西哥有很多专门负责讨债的律师，其收费一般为追回货款的25%~35%。有的律师会要求委托人先支付一笔预付金，等追回货款后再从律师费中扣除。假如律师讨债不成，预付金将不退给委托方。

假如律师也无法追回货款，就只能打官司了。企业可以自己打官司，也可以委托律师代理。官司要胜诉，关键是证据必须充分。最重要的证据是客户的支付凭证和客户签收货物的凭证。客户的支付凭证最好是支票（包括即期支票和远期支票），其次是欠款条或有客户签字的其他欠款证明。客户签收凭证最好是由客户本人或客户公司法人代表签字的凭证，如由上述两类人签收的发票正本、形式发票或送货单。

最没说服力的签收凭证是由客户公司的一般雇员签收的凭证，墨西哥法庭不接受这类证据。

在墨西哥打官司需要花费大量时间，而且经常需要法人代表出庭，因此当欠款金额不大时最好不要打官司。另外，墨西哥法院只认可两年内的证据，因此公司必须在两年内决定是否起诉欠款人。

假如公司不准备向法院起诉欠款客户，可以在公司内部建立行政立案，并按税务总局的规定缴纳增值税。这样公司不仅可以向税务总局表明自己没有偷漏增值税，也可以向财政和公共信贷部证明货物有合法的销售去处，还可以凭此证明把呆坏账货物从库存中减除。

4. 预防方法

公司要计算自己的呆坏账承受限额，放账水平要保持在承受限额内。对有支付能力的客户、信誉不好的客户和新发展的客户，尽量不要放账。对要求放账的新客户，要从小额放账开始，然后根据其信誉逐渐把放账金额提高到公司能承受的范围。

放账时，应以打官司的要求收集和保存证据：尽量收取客户的支票（哪怕是远期支票）、欠款条或其他欠款证明；不要开具销售发票，应开具形式发票，以免给客户代付增值税；务必让客户本人或公司法人代表签收货物，不能让客户公司的一般雇员签收；所有放账凭证的原件都要妥善保管，因为法院只承认原件，不承认复印件。

六、车辆被抢被盗

墨西哥不仅是汽车生产大国，而且是汽车保有大国。墨西哥全国有1500多万辆汽车，仅墨西哥城就有200多万辆，而整个墨西哥大首都区则有400多万辆。墨西哥治安情况复杂，经常发生车辆被抢被盗案件。因此，在墨西哥生活，必须了解如何处理车辆被抢被盗事故。下面以已购买车辆保险、装有公司货物、由专职司机驾驶的公司货车被抢为例，介绍货车被抢被盗时应该如何处理。

1. 到警察局报案

货车被抢后，公司要第一时间通知保险公司。保险公司会给出一个报告号码，并指派一名经办人到现场，陪同被抢司机到案发地的警察局报案。警察局根据报案，出具刑事立案报告和下次面见的通知，下次面见的时间通常是事发后的几天。

公司法人代表必须在通知的时间，带着购车发票、有效身份证明（选民证、护照、居留证等）、公司注册公证文件（须证明面见人是公司的法人代表）、车辆保险单、货物进关文件、销售发票副本等文件到警察局，证明货车及其所载货物是公司的财产。警察局将根据上述文件，出具财产立案报告。假如将来找不到被抢货物，公司可以凭该报告把被抢货物从公司库存中合法减除。

2. 找保险公司理赔

车辆被抢后，保险公司会把车辆的相关资料报告给专门负责丢失车辆登记的政府部门。假如15天后仍未找到被抢车辆，保险公司将开始理赔。保险公司理赔需要购车发票、车辆最近5次油烟检证明、刑事立案报告、财产立案报告和行车证等文件的复印件。保险公司会根据车辆的年份和价格，扣除免赔率（一般为10%）后，在30天~60天内开出赔偿支票。

3. 找到被抢车辆后的工作

负责丢失车辆登记的部门找到被抢车辆后会通知保险公司，保险公司将通知车主，并派经办人陪同车主到警察局车场领车。车主必须提供购车发票、公司法人代表有效身份证明（选民证、护照、居留证等）、公司注册公证文件（须证明领车人是公司的法人代表）、车辆保险单、行车证复印件、刑事立案报告、财产立案报告等文件。假如被抢车辆是二手车，还须带上全部过户文件，如上一手车主的卖车发票等。

根据被抢车辆的受损情况，保险公司将作相应处理：假如车辆完好无损，车主可当场开走被抢车辆；假如车辆已体无完肤、形同报废，保险公司将雇拖车把车辆拖到其车场进行评估，然后视同车辆丢失进行赔偿；假如车辆局部受损，需要修理，保险公司将雇拖车把车辆拖到指定车行进行修理，车主取车时需按该车的免赔率向车行支付费用。

从车辆被抢被盗到找回车辆（或由保险公司理赔），手续虽然复杂费时，但由于有保险公司的帮忙，事情总能圆满解决。因此，在墨西哥买车时最好购买车辆保险。

七、货车事故处理

在墨西哥经商的华人人都遇到过货车事故。假如事故双方的车辆都有保险，可由双方的保险公司进行协商，决定由哪方的保险公司负责解决事情。假如对方没有购买保险，可由我方的保险公司与对方协商解决。万一双方协商不成，就只能交给交警部门处理了。

车辆被拉到当地警察局下属的交通分局的车场等待判决时，公司对货车上的货物有两种处理办法。一是将货物和车辆分开处理。公司应派法人代表带上公司文件、货车文件和货物进口文件，到交通分局证明车辆和货物的合法性。等拿到交通分局的批文后，就可以取回货物了。二是将货物和车辆一起处理。公司报案后，交通分局将指派一个办案室处理案件。办案室会在数周后约谈车主，约谈时公司须向办案室递交货车文件和货物进口文件。等办案室作出裁决后，公司就可以连货带车一起取走。

无论是车、货分开处理还是

车、货一起处理，公司都要准备以下文件：公司法人代表有效身份证明的正本和复印件、公司最近一份公证文件的正本和复印件、购车发票的正本和复印件、货车最近五年的安全检查合格证的正本和复印件、货车最近五年的年税缴费单的正本和复印件、行车证副本、货物的销售发票或形式发票（如正本在警察局，可准备副本或复印件）、货物的进口文件（假如有货物序列号，应提供进口文件的正本和复印件）。

第二节　国际贸易

一、原产地规则

墨西哥的原产地规则由优惠原产地规则和非优惠原产地规则两部分组成。

优惠原产地规则是指，与墨西哥签订自由贸易协定的国家，其产品进入墨西哥时能享受减免关税等优惠，前提是进口商必须提供进口产品来自协议国家的证明。根据不同的双边协议，一些国家必须提供由非政府机构出具的原产地证明，而另外一些国家则必须提供有关政府部门出具的原产地证明。

非优惠原产地规则主要针对反倾销产品，这类产品包括玩具、鞋类产品、纺织品、服装、化工产品、自行车、电机设备、手工工具、管道安装配件等。进口商必须提供上述产品并非来自反倾销对象国的证明，否则将被征收53%~1105%的反倾销税。上述产品的进口额不超过1000美元时无须提供原产地证明。此外，根据墨西哥对客户工业的规定，上述产品临时进口时也无须提供原产地证明。但假如进口商改变上述产品的用途，把它们在墨西哥销售，进口商仍须提供原产地证明。

墨西哥海关规定，原产地证明必须由出口商所在国的政府、制造业主协会或商会颁发，并经墨西哥驻出口国领事馆认证。假如原产地证明不是以西班牙文填写的，进口商还须提供一份有进口商签字的西班牙文翻译件。此外，出口商还应向本国海关提供一份原产地证明的复印件，并将出口记录保存至少5年。原产地证明如出现会影响其准确性和有效性的变动时，出口商必须通知收到原产地证明的有关各方。

除提供原产地证明外，墨西哥海关还要求进口商提供一份原产地说明。原产地说明应包括出口商名称、生产商名称、进口商名称、产品税号、产品名称和数量、商业发票内容、原产地标准、原产地名称、原产地出证机构的名称及说明、进口商说明、原产地认证机构的名称及说明等内容。

二、进口许可制度

墨西哥目前实行的进口许可分为以下三种：

1. 普通进口许可

从事进口业务的公司，在完成注册和申请税号后，还须向海关总署申请普通进口许可。过去申请普通进口许可比较容易，只需到海关总署填一份申请表，通常1~2周就可以获批。近年来，墨西哥海关总署加强了对进口的控制，普通进口许可较难获批。建议企业委托代理公司进行申请，因为代理公司熟悉海关的工作程序。正常情况下，普通进口许可的申请一个月内就能获批。获批后，企业可以通过海关代理，在海关网站上输入公司税号查询办理结果。代理公司的收费一般为1万比索左右，建议先付一部分定金，等普通进口许可获批后，再给代理公司支付余额。

2. 行业进口许可

墨西哥大部分进口商品都无须办理行业进口许可，但纺织品、服装、鞋类、化工产品、工具、自行车、食品、纸箱等37种特殊产品在进口时需要申请行业进口许可。因此，进口公司应通过海关代理，事先了解准备进口的商品是否需要办理行业进口许可。申请行业进口许可的方法与申请普通进口许可的方法一样。

无论是普通进口许可还是行业进口许可，都是长期的，即无须逐年续办。假如公司停止运作或暂停进口的时间超过1年，建议在重新进口时先请海关代理查询自己的进口许可是否已被海关取消。如果企业长时间不从事进口，海关可能会暂时取消企业的进口许可。假如公司在进口时遇到较多的海关行政调查，海关也会在未通知进口商的情况下取消其进口许可。因此，企业应该经常通过海关代理查询自己的进口许可是否继续有效。

3. 进口许可证

目前，墨西哥11341种对外贸易产品中，有75种需要办理进口许可证。普通进口许可和行业进口许可在财政和公共信贷部下属的海关总署办理，而进口许可证则由经济部下属的外贸服务司的进出口许可证处颁发。进口许可证的有效期为9个月，到期后可以申请延期3个月。

目前，需要办理进口许可证的商品主要有石油化工产品、农产品、汽车、药品、奢侈品、农用重型机械、建筑用重型设备的发动机、大型运输汽车、小轿车、武器等。对于二手交通工具和机器设备，墨西哥只有在国内没有该类产品的替代产品时，才会发放进口许可证。需申请进口许可证的产品的税号则会在墨西哥《官方日报》公布，但这类产品的范围变化频繁，进口许可条件也模糊笼统，因此大大增加了有关产品进入墨西哥市场的难度。

办理进口许可证时需递交申请书，并随附国外出口商的报价发票。办理进口许可证需交纳办证费用，从受理到批复进口许可证的时间为15天。墨西哥进出口许可证处在全国设立了52个办事处，平均每个州有1~2个办事处。

三、产品安全标准

1. 概述

墨西哥的安全标准分为自愿性标准和强制性标准两类。自愿性标准主要适用于导体、保险丝、断路装置、灯座和镇流器等电器零件。强制性标准是墨西哥的官方标准，它经常参考自愿性标准的检验方法。

墨西哥规定，进口产品经检验合格后，方可在墨西哥市场上销售。墨西哥只承认本国的安全标准，基本上不承认外国的安全标准，但近年来美国和加拿大的部分安全标准逐渐得到墨西哥的认可。外国产品进入墨西哥前必须具备墨西哥国家安全标准证书。进口商品的包装须以西班牙文标示出墨西哥国家安全标准证书规定的内容，包括使用须知、警告语句、产地来源、生产商的名称和地址等。墨西哥规定，墨西哥国家安全标准证书只能用于单一的进口商品。

2. 安全认证机构

墨西哥的安全标准领导机构是墨西哥国家标准化委员会。该委员会由经济部，农业、畜牧业、农村发展、渔业及食品部，通信和交通部，能源部，环境和自然资源部，卫生部，劳动和社会保障部，旅游部等部委组成。它负责制订安全标准政策、协调安全标准的实施和通过标准化年度计划。墨西哥负责安全标准认证的机构为：

一是墨西哥经济部下属的标准总局。在其他办证机构还未成立前，该局负责办理所有产品的安全标准证书。随着其他认证机构的成立，标准总局把许多办证业务转给新成立的认证机构。目前，标准总局只负责审查认证机构的资格，并受理不在其他认证机构认证目录里的产品的认证。墨西哥标准总局实际上是墨西哥国家标准化委员会的日常办事机构和墨西哥实行安全标准的指挥机构。标准总局的主要工作是：制定、检查、修改、颁布、取消和宣传墨西哥的安全标准；组织和成立国家安全标准咨询委员会并主持其工作；检查、监督和登记安全标准认证机构，必要时可以参与它们的运作或取消它们的登记；建立、维护和完善墨西哥自愿性标准、墨西哥强制性标准、国外安全标准、国际安全标准的档案；协调和检查全国的检验所和计量认证体系；负责与国外和国际的官方机构商定相互承认安全标准认证的协议。

二是墨西哥标准化认证协会。该协会成立于1992年，由墨西哥几家大型企业发起。协会成立之初规模不大，但现已发展成墨西哥最大的安全标准认证机构，拥有5000多家国内外客户。墨西哥标准化认证协会是一家非盈利性质的私营机构，其认证范围为所有电器类产品（如家电产品等）。协会积极参与制定墨西哥官方标准、加入泛美标准化委员会、协调墨西哥安全标准与美国和加拿大的安全标准。此外，墨西哥标准化认证协会还是国际电工产品安全认证体系的成员。

三是墨西哥电子标准化认证协会。该协会比墨西哥标准化认证协会成立稍晚，发起人包括墨西哥施乐公司、墨西哥电信公司、康柏公司、墨西哥宏碁公司等19家大型企业。墨西哥电子标准化认证协会主要认证电子、电信、资讯、科技等行业的产品，但不包括家电用品（微波炉除外）。

四是墨西哥国家电子工业、电信和信息技术商会。该商会目前拥有1000多名企业会员，下设瓦伦丁·里韦罗检验所和电信检验所等两家检验所，主要认证范围为电信类产品。

3. 产品检验所

墨西哥标准总局、墨西哥标准化认证协会和墨西哥电子标准化认证协会原来都没有自己的检验所。为了节省客户办理安全标准证书的时间，更好地控制检验质量，近年上述三个机构都建立了自己的检验所，为客户提供从送样到出证的一条龙服务。

此外，墨西哥全国各地还有很多检验所。墨西哥标准总局负责批准它们的成立和监管它们的运作，并对它们进行年检。检验所没有明确的分工，它们视获准的经营范围提供产品的检验。各检验所出具的检验报告被墨西哥四个认证机构接受，客户有权挑选检验所送样检验。

各家认证机构的认证范围（产品）有大体的分工，其经营范围基本上不重叠，但也有部分认证功能重叠。因此，建议进口商在办理安全标准证书之前，先上墨西哥海关总署网站查询将要经营的产品是否需要办理安全标准证书，并了解可以办理所需证书的认证机构及其认可的检验所。

4. 适用产品

墨西哥安全标准的适用原则是，专业人员使用的产品（如机床、机床附件、电动工具等机械设备）无须进行安全标准认证，但凡是在家庭、办公室、公共场所使用的产品原则上都需要进行安全标准认证。墨西哥安全标准的适用产品包括：电脑局域网、设备通信产品和数据处理设备等电子产品；家用电动仪器、照明装置、电动手持工具等家电产品；有线电话、无线电话等电信、信息技术设备；轮胎、玩具和学校用品；医疗设备；以电气、丙烷、天然气或电池驱动的产品；其他对健康和安全具有潜在危险的产品。

5. 如何办理安全标准证书

进口商需要提供两个产品样样给检验所，一个作破坏性检验用，另一个备用。进口商通常在1~2周内就能拿到检验所出具的检验报告。接着，进口商应将检验报告连同所需文件（申请表、西班牙文的使用说明书、质量保证书、电路图等）递交给相应的认证机构，认证机构通常在1个月内出具安全标准证书。

过去，安全标准证书都是纸质版的。现在，各认证机构都已实现电子化，认证书都是电子版的。每份证书都有电子编号，进口商只需把电子编号提供给海关，海关就能上认证机构的网站进行核实。

安全标准证书的有效期为一年。在认证到期前1个月左右，进口商把有效期内的检验报告递交给相关的认证机构，认证机构会在1周内出具新的认证书。因为检验报告的有效期仅为半年，因此出证半年后进口商应再送两个产品样板到检验所重新检验（检验机构上门年检时也会从货物中随意抽取两个样品送检）。这样，进口商就不会因证书续期问题影响进货。

货物在墨西哥海关最终报关出关的时候，安全标准证书必须在有效期内。换言之，安全标准证书的到期日期必须晚于货物的最终报关出关时间，而不是货物的到港时间。

以上是进口商自己直接办理安全标准证书的方法。进口商也可以委托代理公司办理，墨西哥有很多这样的代理公司。代理公司的不少雇员曾在墨西哥标准化认证协会等认证机构工作，他们除了熟悉认证程序外，还跟各认证机构的工作人员相熟。通过代理公司办理安全标准证书，虽然多花了代理费，但进口商却省了不少麻烦和时间。

最近，中国的一些检验所获得了墨西哥安全标准认证的检验许可。中国的出口商或墨西哥的进口商也可以委托中国的检验所检验，然后拿着它们的检验报告到墨西哥的认证机构进行认证。但笔者不建议在中国做检验，因为如果检验报告有问题或墨西哥的认证机构对检验报告有疑问，进口商就要再到中国重新做检验或修改检验报告。

另外，墨西哥标准化认证协会和墨西哥电子标准化认证协会都有自己的检验所。它们的收费比外面的检验所贵，但出具的检验报告肯定会被接受。因此，假如企业不怕多花点钱，建议把产品送到它们的检验所进行检验。

6. 安全标准认证的发展趋势

墨西哥安全标准与国外和国际的通用标准日益接近。墨西哥对某些产品不再强制性要求墨西哥国家安全标准认证，并开始接受其他国家标准认证的产品进入墨西哥市场。墨西哥在2010年8月17日的《官方日报》公布了一项决议，确认了墨西哥的三项安全标准（涉及信息技术设备、音视频产品和家用电器等产品）与美国和加拿大的相应标准的等同性。因此，上述三类产品只要有北美的认证标志（如UL、CSA、ETL、MET等）即可进入墨西哥市场，不再需要申请墨西哥国家安全标准认证。

四、进口产品标签

1. 分类

墨西哥进口产品的标签内容，视该产品是否需要办理墨西哥安全标准证书而有所不同。每项安全标准要求的标签内容不同，进口商可以在墨西哥《进出口关税税则》上查找要进口的产品是否需要办理安全标准证书，假如需要就还得查该标准规定的标签内容。不需要办理墨西哥安全标准证书的产品也需要贴进口标签，标签内容包括产品名称、数量、进口商资料、注意事项、有效期、出口商资料、产地等。

墨西哥进口标签的使用原则是，凡是进入家庭、面向普通消费者的产品都要贴进口标签，但工业用产品（如机械设备、机床仪器等）不需要贴进口标签。墨西哥对标签的大小没有规定，能清晰辨认出内容即可。假如产品有内外包装，则需要分别贴上内外标签。假如海关检查时发现进口货物的标签有误或应贴而没贴，海关可以允许货物出关，但会要求进口商在规定时间内补贴标签，并把结果书面报告海关。

2. 能耗标签

从2012年起，墨西哥规定所有电器产品，无论是本地组装的还是进口的，在投放市场前均须张贴黄色的能源使用和节能标签。标签上须标明由墨西哥能源部下属的国家节能委员会核准的最高用电量、最低用电量和最大节电率，产品售出前商家不得私自摘除能耗标签。

墨西哥规定必须贴上能效标签的电器产品包括电冰箱、中央空调和热泵、家用空调、其他类型的空调和热泵、洗衣机、电灯类产品、锅炉、热水器、电动机、离心泵等。能效标签应贴在显著的位置并包含标签名称、测量的能效值（如耗电量）、所参考的墨西哥官方能效标准、品牌、产品类型、产品型号、产品的通用特性、能耗限值、检验所实测的平均能耗值（须小于最大能耗值）、与最大能耗值相比的节电率等内容。

3. 纺织品标签

纺织品标签适用于服装、服装辅料等纺织品，如床单、毯子、床罩、被单、桌布、餐垫、餐巾、成品窗帘、毛巾、床垫及其用纺织材料制作或包裹的底座。服装和服装辅料必须在领部、腰部或其他明显部位带有一个永久性的清晰标签，标签要以西班牙文注明商标名称、纤维含量、尺码、保养说明、原产地等内容。

4. 食品和无酒精饮料标签

食品和无酒精饮料的标签要求内容真实，且描述方式不得在产品的性质和特征方面误导消费者。标签的营养信息由生产商自愿加注，但声明有营养特性的产品必须标注产品的营养信息。产品本身及其外包装箱都要贴上小标签，标签应包含产品名称或通用名称、超过食品或饮料5%的配料（包括可引起过敏反应的配料和添加剂）、净含量和干量、出口商和进口商的名称及地址、原产地、生产批号、有效日期或建议消费日期等内容。

5. 玩具标签

墨西哥官方标准对玩具外包装上的标签有明确的要求，对玩具的通用名称、数量和体积的标注格式、原产地、出口商和进口商的名称及地址的标注形式等都有明确的规定。该标准还规定，玩具产品的包装上必须标明生产商建议使用该玩具的儿童的年龄。此外，该标准对不同类型的玩具的标签作出了不同的规定，如：电动玩具中电压高于24V的须标明适用电压，低于24V的须标明功率；充气水上玩具须警示该类产品是玩具、须在成人监护下使用；使用绳、弹性丝或附着在婴儿床、童车上的玩具须警示对婴儿的潜在风险；带有弹射功能的玩具，应警告消费者不要使用生产厂商提供或推荐以外的弹射装置、禁止弹射装置对准人和动物射击等。

五、进口产品使用说明书

墨西哥进口产品是否需要使用说明书视该产品是否需要办理墨西哥安全标准证书而定。假如该进口产品需要办理安全标准证书，就必须有说明书。假如该产品不需要办理安全标准证书，说明书就可有可无。

墨西哥进口产品的使用说明

书必须是西班牙文或外文和西班牙文对照。说明书须包括进口商的基本信息（名称、地址和电话）、产品的名称和型号、产品的性能特点（使用性能和安全性能，必要时给出电路图）、产品部件清单及其使用介绍、使用方法、使用注意事项、保养和维护的方法、安放和安装的说明（必要时提供产品安装图）。如果进口产品是电器产品，其说明书还要包括电压、频率、功率、耗电量、能耗等内容。

进口商在办理墨西哥安全标准证书时，要向认证机构（如墨西哥标准化认证协会或墨西哥电子标准化认证协会）提供产品使用说明书。当进口需配备使用说明书的产品时，假如说明书不符合要求或没有提供说明书，进口商可能会受到一系列惩罚：墨西哥海关有权扣留货物，墨西哥认证机构有权取消认证，墨西哥消费者委员会有权罚款。

六、进口产品质保书

与使用说明书一样，墨西哥进口产品是否需要质保书视产品是否需要办理墨西哥安全标准证书而定。假如该进口产品需要办理安全标准证书，就必须有质保书。假如该产品不需要办理安全标准证书，质保书就可有可无。

墨西哥进口产品的质保书必须是西班牙文或外文和西班牙文对照。质保书必须包括进口商的基本信息（名称、地址、税号和电话）、产品的基本信息（名称、型号和商标）、进口商的销售印章、保修期（须在6个月以上）、产品售出日期、保修范围和不保修范围、不保修的依据等内容。

进口商在办理墨西哥安全标准证书时，要向认证机构（如墨西哥标准化认证协会或墨西哥电子标准化认证协会等）提供产品质保书。墨西哥安全认证机构对产品质保书要求很严格，不同产品的质保书要求包括不同的内容，并且要求在质保书上印上安全认证机构的标记。当进口需配备质保书的产品时，假如质保书不符合要求或没有提供质保书，进口商可能会受到一系列惩罚：墨西哥海关有权扣留货物，墨西哥认证机构有权取消认证，墨西哥消费者委员会有权罚款。

七、进口动植物检验检疫

墨西哥规定，动物产品、农牧产品、食品、肉类等进口时需要接受动植物检验检疫。墨西哥对不同产品的检验检疫有不同的规定，如没有专门规定，可参考相关的墨西哥安全标准。

墨西哥海关规定，动植物产品进口时须向海关的农牧卫生检验办公室提交相关文件并接受相应的技术检查，以证明该产品符合墨西哥安全标准和农业、畜牧业、农村发展、渔业及食品部的要求。墨西哥环境和自然资源部还对野生动植物、林业产品及其下游产品的进口有特殊的规定。此外，进口商须向墨西哥动植物主管部门提交出口国主管部门签发的卫生证原件，卫生证须注明产品的原产国、产品原料来源于健康动物、产品适合人类消费等内容。卫生证必须经过墨西哥驻出口国领事馆的认证。

八、进口包装木材检验

从2005年起，墨西哥根据《国际贸易中的木质包装材料管理准则》的规定，对进口产品的包装木材进行检验检疫。该项检验检疫的执行机构是墨西哥环境和自然资源部，环境和自然资源部在墨西哥各海关设有办事处。

墨西哥安全标准规定，进口产品如使用三合板、胶合板等加工过的包装木材，在进入墨西哥时可以免检。如使用原木包装，则须对包装木材进行熏蒸，并出具熏蒸证明和在包装箱（或木架）上盖熏蒸章。

墨西哥海关打开货柜检查进口货物时，墨西哥环境和自然资源部驻海关的办事处人员将到场对包装木材进行检验。如发现包装木材没有经过熏蒸或没有熏蒸章和熏蒸证明，环境和自然资源部可能会作出两种决定。一是由环境和自然资源部认可的机构对货物进行熏蒸，等两天后熏蒸产生的有毒气体消失后才让货物出关。二是让进口商先办理货物出关，然后在规定的时间里，由环境和自然资源部指定的机构上门收集包装木材，用密封车辆运到专门的焚烧场烧毁。进口商须在规定的时间内向环境和自然资源部递交烧毁报告。

九、商标、图案、设计的注册

在墨西哥经商，必须重视产品商标、包装图案、产品设计图案等的注册。部分在墨西哥经商的华人，由于没有及时将经营产品的商标、包装图案和产品设计图案在墨西哥注册，因而被不法商人抢注并告到墨西哥检察院。为防止同类事件的发生，现将如何在墨西哥办理商品的商标、包装图案和产品设计图案的注册介绍如下。

墨西哥管理商标、图案和设计的注册的机构是墨西哥知识产权局，法律依据是《促进和保护工业产权法》。《促进和保护工业产权法》规定，商品商标、服务商标、集体商标、广告短语和原产地名称等均可以进行注册。注册商标的有效期为10年，到期后可以申请延期。

墨西哥负责办理商标、包装图案和产品设计图案注册的部门是墨西哥工业产权局和墨西哥版权局。工业产权局和版权局的功能既有不同之处，也有重叠的地方。例如，工业产权局侧重商标注册，也受理包装图案注册，但极少受理产品设计图案注册；版权局则相反，它主要受理包装图案和产品设计图案的注册，但不受理商标的注册。又如，工业产权局批准的注册的有效期是10

年，而版权局批准的注册的有效期则是50年，但两者的注册具有同等的法律效力。

通常情况下，最省钱的方法是在工业产权局办理商标注册，而在版权局办理包装图案和产品设计图案的注册。因为工业产权局是按商标或图案的数量收费的，而版权局则是按图案的批数收费的。版权局对每批图案的数量不限，但会建议每批图案在100个~200个之间。假如同一批注册的图案太多，版权局会以图案不属于同一家族为由不予受理。举个例子，工艺品的包装图案和产品设计图案很多，假如逐个到工业产权局注册，费用将是惊人的。但如果把同类图案打包成一个图案家族到版权局注册，费用就非常低了。

下面再简单介绍一下如何在工业产权局和版权局办理商标、包装图案和产品设计图案的注册：

如果是到工业产权局办理注册，可以先花10美元查询拟注册商标是否已经被别人注册了。一旦确认商标没有被人注册，申请人就可以花300美元左右向工业产权局提出注册申请。申请人可以同时申请注册商标的文字和图案设计。一般情况下，工业产权局会在3个~6个月内批准注册申请。

如果是到版权局办理注册，可以先向版权局递交拟注册的包装图案和产品设计图案。等版权局确认申请注册的图案没有被别人注册，就可以向版权局提出注册申请了。一般情况下，版权局会在1个~3个月内批准注册申请。

由于注册手续比较复杂，而墨西哥又有很多专利、商标和版权代办公司，因此建议申请人找一家代理公司办理注册。墨西哥代理公司的收费标准是：在工业产权局办理商标注册，代理费为300美元左右；在版权局办理包装图案或产品设计图案的注册，每批收费为500美元左右。

第三节 银行业务

一、银行开户

墨西哥要求公司开设比索账户和美元账户。公司开设银行账户时，必须提供公司注册文件、财政和公共信贷部登记证明、公司税号、住址证明（如电费单、电话费单等）、法人代表身份证明等文件。墨西哥的各家商业银行都可以开设个人账户。外国人在墨西哥开设个人账户时，除了要提供身份证明、个人税号、住址证明等文件外，还必须有1年以上的工作签证。各银行的开户条件大同小异，通常要求开户人首次存入几千比索。

墨西哥政府对银行洗钱防范很严，因此不允许个人开设美元账户，只允许公司开设美元账户。但是墨西哥政府又规定，公司的美元账户不能存取美元现金，只能开出美元支票或进行网上转账。

银行对公司的比索现金存取没有限制，其使用按税务总局的有关规定执行。理论上，银行对个人的比索现金存取也没有限制。但实际上，当银行发现个人存取大量比索现金时，就会查封他的账户并调查其是否涉及洗钱。与此同时，银行每个月会把个人账户1个月内存入1.5万比索现金的交易上报给税务总局。

2008年2月1日，墨西哥修改了《信贷机构法》。新的《信贷机构法》规定，所有银行账户、自动转存的存款以及已经到期但无人认领的现金账和投资账，如在3年内无存取活动，将统一转入各银行的特设账户。转入银行的特设账户3年后仍无人认领的存款，将全部用于公益事业。换句话说，无存取活动达

6年的银行账户的存款将被没收作公益用。

二、外汇管制

墨西哥规定企业可以开设美元账户，这意味着进口公司可以从银行向国外自由汇出包括美元在内的外汇。但进口商必须向税务总局说明汇出的是合法款项，如进口货物的货款、股东缴纳个人所得税后的合法分红等。

墨西哥规定个人不得开设美元等外汇账户，因此个人不能从银行向境外汇款。个人向境外汇款有以下合法渠道：

一是通过兑换所汇款。墨西哥有不少兑换所可以办理对外汇款，这些兑换所是安全可靠的汇款渠道。墨西哥规定，每笔汇款超过1万美元时，兑换所必须向税务总局上报备案。因此，兑换所会建议客户把每笔汇款控制在1万美元以内。

二是通过美国的西联汇款向外汇款。西联汇款在墨西哥有很多代理网点，如北方银行、国民银行、阿兹特克银行、埃勒克特拉连锁店、美国运通、汇丰银行、大鸭子超市、拍卖货仓、Salinasy Rocha家具连锁店等。通过西联汇款向外汇款相当快捷，通常在汇出后的第二天就能到账。汇款手续也十分简单，只需到西联汇款的服务网点出示身份证明，填写汇款单后即可汇出。需要注意的是，不是上述代理银行、超市和连锁店的所有营业网点和分店都有西联汇款服务。此外，西联汇款的汇款手续费要比兑换所贵一倍左右。

墨西哥规定，每人每天可以在银行或兑换所最多兑换（买卖）相当于300美元的外币，但个人必须提供身份证明（选民证、护照等）和墨西哥居留证。

三、汇率

1994年以前，墨西哥一直实行固定汇率制度。1994年，墨西哥爆发金融危机，墨西哥政府被迫放弃固定汇率制度，改为实行浮动汇率制度。目前，墨西哥比索对美元基本稳定在15：1~16：1，汇率完全由市场调节。只有在汇率波动厉害时，墨西哥政府才会在汇市上出售美元储备，并适度干预汇率。

墨西哥各商业银行的汇率区别不大，墨西哥银行每天根据市场汇率给出官方汇率并在《官方日报》上公布，作为国家行为的指导汇率。墨西哥进出口的本币和外币的换算按墨西哥官方汇率进行换算。

墨西哥实行浮动汇率对进口商是双刃剑：汇率高的时候，客户往往要求进口商降低批发价，客户代收款的实际收益因而变大；汇率低的时候，进口商又很难把批发价大幅提高。为了避免汇率风险，进口商可以在放账时使用美元报价，收款时按当天的官方汇率或买卖双方指定的商业银行的买卖价作为成交价。此外，进口商不应保留太多的比索存款，要及时购买美元以锁定利润。进口商可以通过电话或银行的外汇买卖平台购买美元，并通过银行把美元汇给国外的供货商。

第四节 税务规定

一、电子财务

2014年墨西哥新《联邦税法》生效，新税法要求所有法人和自然人最晚在2016年1月必须实行电子财务。根据墨西哥注册会计师协会的统计，墨西哥目前应实行电子财务的法人和自然人共614万，其中224.6万是法人、

389.4万是自然人。

新税法规定，年收入达到或超过400万比索的法人和自然人从2015年1月起必须实行电子财务，年收入低于400万比索的法人和自然人（包括非盈利性单位）从2016年1月起必须实行电子财务，取消按季度报税，改为按月进行电子报税。

2016年后无须实行电子财务的人包括领工资的企业雇员、收租金的自然人、领酬金的从事专门职业的自然人、年收入低于200万比索并已纳入税务体系的自然人、没有固定收入的自然人（如通过领取奖金、出售财产等获得收入的自然人），但税务总局有权对上述规定进行修改。

已经纳入税务体系且年收入低于200万比索的自然人（中等纳税人）通过税务总局的税务登记系统报税。具体方法是，用个人税号和密码直接登录税务总局网站进行报税。此外，税务总局网站还给中等纳税人提供开电子发票的平台。税务总局通过中等纳税人开出的发票掌握其收入情况。

符合实行电子财务规定的法人和自然人必须通过税务总局网站，按月向税务总局提交财务信息。税务总局要求上传的财务信息包括：（1）财务凭证账，即法人和自然人的账目，包括资产、负债、流动资金、费用、销售、退货、销售成本等。（2）子账目录，即法人和自然人的分类账目录，包括银行账、客户欠款账、借款欠款账、运输工具账、客户预付款账、费用账等。（3）假如税务总局发现法人或自然人上报的上述目录有问题，就会要求其提供收支凭证和说明，即支付支票、收入证明、其他支出凭证及上述凭证的说明等。纳税人必须事先按照税务总局的账目分类方法整理好自己的账目。

税务总局要求实行电子财务

的纳税人必须办理电子签字，上传财务信息时必须有法人或自然人的电子签字。

墨西哥税务总局要求企业为财务人员提供必要的培训，以确保其充分了解并懂得如何执行电子财务的规定。企业还需要检查当前使用的会计系统的配置和会计政策，以确保能生成符合税务总局要求的电子文件。

税务总局要求当期（当月）的5日之前，上传上期（上月）的财务文件。上市企业的报税期限有所不同：第一季度是5月3日前，第二季度是8月3日前，第三季度是11月3日前，第四季度是次年的3月3日前。电子财务使墨西哥税务总局可以对全国的法人和自然人实行最为严厉的财务监控，因为通过其提供的银行账、投资账、资产账和负债账等，税务总局掌握了所有法人和自然人的全部运作。

二、网上付税

墨西哥税务总局规定，符合实行电子财务规定的法人和自然人必须在每月的15日前就上月的经营结果在网上付税。由于每月的15日前总是有个周末，所以实际上每月的付税截止日期是17日。法人和自然人须在网上付税的税种包括所得税、增值税、工资税和代扣增值税等。

企业进行网上付税的方法是：（1）纳税人事先跟墨西哥财政和公共信贷部认可的电子财务服务公司签约，租用它们的电子服务平台。大纳税人也可以花钱建立自己的电子服务平台，在自己的服务平台填写报税单。（2）登录电子财务服务公司的网站，在上面填写报税表。（3）登录税务总局的网站，递交报税表，领取税务总局发给的付税号。（4）登录自己的开户银行的网站，填写付税号后，在网上把应付税款逐项转账到税务总局的银行账户。

三、电子发票

墨西哥新《联邦税法》规定：从2015年1月起，年收入达到或超过400万比索的法人和自然人必须使用电子发票；从2016年1月起，年收入低于400万比索的法人和自然人也必须使用电子发票。

新《联邦税法》同时规定，年收入低于200万比索的自然人有两种使用电子发票的选择：一是使用财政和公共信贷部认可的电子发票服务平台公司提供的电子发票，二是使用税务总局的税务登记系统网上平台开出的电子发票。

墨西哥税务总局还规定，只能使用比索开具发票，不能使用包括美元在内的外币计价开发票。税务总局以此改变过去派人上门查账或要求纳税人送发票到税务总局或税务分局检查的方法，改为在税务总局网站即时检查纳税人的销售账。纳税人必须将每月的销售发票打包，通过网络传到税务总局的电脑数据处理中心，以便税务总局通过以下数据检查纳税人是否偷税漏税：进货和销售是否有价差，即纳税人是否有合理的利润；成本构成是否合理，假如不合理，就可能被认为是低值报关进口或进货；进货和销售的数量是否一致，即是否有多进少登记数量的情况；是否及时交税；等等。为此，税务总局规定，电子发票要跟库存挂钩，即开出电子发票的同时要减少相应的电子库存。

财政和公共信贷部对电子发票还有以下规定：

（1）税务总局公布其认可的电子发票服务平台公司。平台公司有自己的网站，纳税人可以花钱租用平台公司的平台，用平台公司的网站和软件开具电子发票，并通过平台公司给税务总局的电脑数据处理中心发送月度电子发票。

（2）开具电子发票要使用税务总局批准的电子发票软件，

如原来电脑打纸质发票用的SAE财务软件的升级版。目前一个SAE财务软件升级包的售价为6000多比索，上门安装和调试需另收2000多比索，每多装一台电脑加收1000多比索。升级包购买、安装及调试的总费用不会超过1万比索，该软件的完整版则为1万比索左右。

（3）纳税人要向税务总局提供电子月报。为此，纳税人要去所在地的税务分局办理电子证明或电子章、专用密钥、电子签字等。

第五节 审计与清算

一、外贸审计

1. 概述

墨西哥外贸审计的执行单位是税务总局的外贸审计总署。外贸审计总署有权对进口商品的类别、报关价、原产地、远洋运费、进口关税、进口增值税、海关税号等进行检查，检查的重点是进口商品的纳税情况。

外贸审计人员可以在进口商品的出关途中、仓存期间和送货途中进行审查，也可以对已售出的进口商品进行追踪审计。外贸审计人员有权要求进口商提供所有进口文件，如提单、报关发票、装箱清单、远洋运费的海洋运费和内陆运费分列单、到货港的海关初报关文件、出关终报关文件、各种进口税费的缴付证明等。审计的追溯期是5年，即连当年度在内往前数6年。外贸审计人员有权对认为不符合规定的商品进行现场封存，甚至把货物运到税务总局的仓库或指定的货仓等候处理。

外贸审计人员必须持有并向审计对象出示外贸审查通知书。假如没有外贸审查通知书，进口商可以拒绝外贸审计人员的审查。

2. 审计形式

外贸审计有三种方式：

一是上门快查。这是最常见的外贸审计方式，重点审查进口商的海关许可证编号、进口时间、进口内容、进口总价、付税证明、税号、注册地点、出关终报关文件号、电子签字、开发票的时间和地点等。进口商的销售发票要求包括商品的名称、数量、单价、总额、税款等内容，并标明商品的品牌、型号、序列号（出厂编码）、技术（或成分）特征、单价和总额（要求以文字标明）。

二是深度审计。外贸审计人员有权对进口商品进行为期6个月的深度审计，审计地点可以是公司仓库或销售地，也可以是外贸审计总署的办公地。外贸审计总署将根据审计结果，通知进口商审计通过或直接开出罚款单。

三是运输途中审计。外贸审计人员有权对进口商品进行拦车检查。外贸审计人员会要求进口商将货物运到指定地点进行检查。假如外贸审计人员认为问题不严重，会当场放行货物。对于需要办理墨西哥安全标准证书的产品，审计人员会留下样品送到可信的检验所进行检验，然后把检验结果和进口商提交给海关的安全标准证书进行对照，以便发现问题。假如外贸审计人员认为问题严重，就会当场扣押货物，等待审查结果。

3. 临时扣押措施

遇到以下情况，外贸审计人员可以采取临时扣押措施：商品标签不完整、不明确或无标签；销售无进口文件的商品；进口商品中有超过10%的商品为赠品；没有按要求办理墨西哥安全标准证书的商品。

4. 主动纠正措施

对于外贸审计中被查实违规的进口商，可由本人或其授权代理人（如会计、律师等）前往审计机构申请主动纠正，承认违规并自愿缴纳应缴税款、罚金和滞纳金。进口商采取主动纠正措施后，罚金将会减少。

二、财务审计

财务审计分为窗口审计和上门审计，两者都由墨西哥税务总局的各个地方税务分局执行。例如，墨西哥城共有5个税务分局，分别是东、西、南、北、中税务分局，而其他各市基本上都有一个税务分局。

1. 窗口审计

墨西哥原来没有窗口审计，财务审计都是上门审计。近年来，由于要审计的企业太多，而各区市的税务分局又人手不足，于是就出现了窗口审计。税务分局在公司上报的财务报表或审计报告中发现问题（如瞒报收入、偷税漏税、不合理摊销等），但认为问题还没有严重到必须进行上门审计时，税务分局就会发函通知公司的会计和法人代表在指定的时间和地点到税务分局约谈。由于通知函的内容非常简单，所以公司在被约谈之前是不知道窗口审计涉及什么内容的。窗口审计约谈不是强制性的，所以企业可以选择不去。不接受窗口审计会有两种结果：如果税务分局认为事情不严重，就会不再追究，审计也就不了了之；如果税务分局认为问题严重，而公司的态度很不好，窗口审计就会变为上门审计。在约谈时，税务分局会向公司的法人代表说明审计的内容，并要求公司分一次或多次提供有关的财务文件。

2. 上门审计

税务分局在进行上门审计前，也会把通知函送达公司。和窗口审计通知书一样，上门审计通知函也不会提及审计的内容，而只有第一次上门的时间。审计人员有时坐班，有时只上门要材料。上门审计和窗口审计的不同之处是，上门审计只能审计一年的账目，审计完一年的账目后才能审计另一年的账目。上门审计的期限是半年，即半年内必须结束审计。而窗口审计没有时间限制，而且可以同时审计几年的账目。无论是上门审计还是窗口审计，都只能审计公司最近5年的账目（不包括审计的当年）。

总之，税务分局是不会没有经过审计就直接给公司开出罚款单的。假如税务分局经过窗口审计或上门审计后开出罚单，公司就只有两种应对方法：如果公司认为罚款合理，就按罚单开出的金额缴纳罚款；如果公司认为罚款理由不存在且有证据证明自己是对的，那就只能请擅长打税务官司的律师向墨西哥税务及行政联邦法院提出起诉。

三、公司清算程序

墨西哥《公司总法》规定，股东有权解散公司，但必须履行以下程序：

1．召开股东大会。公司要召开股东特别大会，大会要作出解散公司的决议，决议必须有全体股东、董事长和董事会秘书的签字。

2．董事全体辞职和委任清算人。清算人可以是公司原董事或其他任何人。清算人的工作包括完成公司解散前的运作、收待收款和支付欠款、出售公司财产、清算各股东的公司责任等。董事会要把公司文件（包括历年的损益表和资产负债表）转交给清算人，清算人要在所在地的财产公共登记处办理股东大会解散公司决议登记。

3．申请改变付税状况。清算人要向税务总局递交开始清算通知（填写申请改变付税状况的表格），由清算人签字的该通知必须在开始清算之日起1个月内送达税务总局。

4．上报清算财政年度的税

务状况。公司要在清算前确定清算的财政年度，清算期为一个财政年度。清算人应向税务总局上报公司的国外贷款、待收款、欠供货人的货款、代扣增值税情况和低报税规定下的法律投资等内容。

5. 股东按《公司总法》的要求达成清算协议。

6. 清算人出售公司资产以偿还负债。

7. 清算公司责任。首先要支付员工的辞退费、社保费和住房公积金，然后要向税务总局缴纳因支付员工辞退费所代扣的工资税等，最后要支付欠债权人和供货商的款项。清算公司责任后，如有剩余款就根据公司章程分配给股东。剩余款的分配协议应在公司所在地登报，债权人有权对分配情况提出异议。

8. 公布公司的资产负债表。清算人应分3次、每次相隔10天在公司所在地登报公布公司的最后一份资产负债表。如有剩余款，资产负债表应注明每个股东的所得款，并公布分配给股东的方法和时间。

9. 通过资产负债表。付清债务后，应再召开一次股东大会，通过清算后的资产负债表并作出通过清算的决议。

10. 处理不能支付给股东的剩余款。因股东的合法继承人死亡等原因而无法在2个月内付出剩余款时，应将剩余款存入信贷机构。

11. 递交最后年度报表。在财产公共登记处办好登记后，清算人要向税务总局递交最后年度报表，报表的时间应包括整个清算时间。

12. 发出解散公司的通知。清算人要在递交最后年度报表的同时递交取消税号的申请。收到取消税号的通知后，清算人要通知社保局注销公司的社保登记，并通知所在地的工会和调解仲裁地方委员会。

第六节 劳工权益保护

墨西哥保护劳工权益的法律法规很完善，主要法律是《联邦劳动法》。墨西哥政府根据形势变化不断修改《联邦劳动法》，目前实行的是2012年的修改版。此外，墨西哥还有《劳动程序法》《社会保险法》《调解仲裁委员会行为法》等法规，以及《最低工资条例》《工人保险条例》《劳动安全与健康联邦条例》《职工培训条例》等实施细则。现根据墨西哥劳工权益保护的法律法规，详细介绍墨西哥劳工享有的权利。

一、雇佣合同

墨西哥《联邦劳动法》规定，雇主要和雇员签订雇佣合同。雇佣合同是将雇主和雇员联系起来的具有法律效力的文件。通常情况下，雇佣合同会详细说明雇员的工作时间、工资待遇、休假时间、工作条件、工作环境等。墨西哥各区、市政府的劳工处提供雇佣合同的通用文本，雇主和雇员根据实际情况略加修改就可以成为双方都能接受的合同。

墨西哥的劳动合同按期限不同分为三种：（1）无固定期限劳动合同。雇主和雇员没有约定合同的期限，只有遇到符合法律法规规定的特殊情况，劳动合同才能解除。由于是变相的长期合同，这种合同对雇主不利。（2）以完成一项工作的时间为期限的劳动合同。这是雇主和雇员约定以完成某项工作的时间为合同期限的劳动合同，合同文本要对相应工作进行详尽描述。（3）固定期合同。这是墨西哥最常用的雇佣合同，合同期限为一年到数年不等。墨西哥《联邦劳动法》规定，有固定期限的雇佣合同到期后，雇主和雇员都愿意续约的，就应该签订新合同。假如双方没有签订新合同，原有合同就继续有效，有效期和原合同一样。

不受《联邦劳动法》保护的劳动合同包括：（1）试用期合同。在正式签约前的考核阶段所签订的试用期合同没有法律效力。墨西哥法律对雇员的试用期没有明确的规定，一般认为1~3个月为合理的试用期。假如试用期满后雇主和雇员没有签订劳动合同，墨西哥《联邦劳动法》将认定存在事实上的雇佣关系。（2）培训合同。以培训为目的并支付少量工资的合同被视为培训合同。由于有企业以培训合同的方式雇用员工，以低薪剥削雇员，因此现行《联邦劳动法》对培训合同不予承认。（3）未满15岁的未成年人的劳动合同。2014年6月17日，墨西哥《官方日报》公布了宪法第123条A款第3项的修改法令，规定从即日起墨西哥的法定最低工作年龄从过去的14岁提高到15岁。未满15周岁的未成年人是无民事行为能力人，因此他们与他人订立的合同没有法律效力。该法令还规定，15~18周岁的雇员每天只能工作6个小时。（4）口头协定。原《联邦劳动法》承认口头协定具有法律效力，但现行《联邦劳动法》禁止了所有口头协定。以上劳动合同不具有任何法律效力，调解仲裁地方委员会有权对签订上述合同的雇主进行罚款。

二、社会保险（含医疗保险）

墨西哥规定，试用期内雇主可以不给雇员购买社保，但试用期满双方签订雇佣合同后，雇主就有义务给雇员购买社保。

墨西哥政府规定社保费的最低缴费标准是法定最低工资。企业可以随时报交、报停雇员的社保，甚至可以报交、报停前5个工作日的社保费。报交、报停社保费可以在网上进行。首次报交社保费时，企业须带着申报人的证件去社保局登记和申领终身社保号。墨西哥的社保号为终身号码，假如雇员已有社保号，企业就无须替雇员再申领社保号。

墨西哥法律规定，雇员每月收入低于500美元的，不但不用交纳工资税，政府还会给企业倒贴工资税。换句话说，企业可以用政府倒贴的工资税，抵扣当月其他员工应该交纳的工资税。

三、雇员自动辞职补偿

墨西哥雇员的自动辞职补偿包括：（1）当月工作天数的工资。（2）休假工资，按当年工作的天数计算，以当年应休假天数乘以日工资。（3）休假补贴，按休假工资总额的25%计算。（4）年终奖金，墨西哥规定雇主每年要给雇员发放15天的年终奖金，雇员辞职时按当年工作的天数计算应发的年终奖金。（5）15年工龄以上的老雇员另外补偿每年12天的工资。

墨西哥规定，假如雇员上诉到调解仲裁地方委员会要求复工被雇主拒绝，而雇主又提不出不让雇员复工的充分理由时，雇主就要给雇员补发3个月的工资、每年20天的工资以及雇员从辞退之日起到调解仲裁地方委员会做出判决之日为止的全部工资。如果雇员没有上诉到调解仲裁地方委员会要求复工，雇主就无须给雇员发放上述补偿。总而言之，假如是雇员自动辞职，雇主可以跟雇员签订自动辞职书并支付雇员自动辞职补偿。一旦签订了自动辞职书，理论上雇员就无权将雇主告到调解仲裁地方委员会。假如雇员坚持告雇主，调解仲裁地方委员会也不会受理。

雇员自动辞职补偿可以全部摊入公司成本，但要交纳8%~10%的联邦政府工资税（补偿金额不同，税率也不同），有些州还要求另外交纳2%的州政府工资税。

四、雇主辞退雇员补偿

墨西哥雇主辞退雇员时应支付的补偿包括雇员自动辞职补偿的所有项目和3个月的工资补偿。根据墨西哥劳动法规，雇主哪怕是在正式雇用（签订了劳动合同）的第二天开除雇员，也要补偿雇员3个月的工资。假如雇佣时间非常短，雇主可以和雇员商量补偿金额。雇主可以根据雇员的实际情况，只补发1个~2个月的工资。假如达不成协议，雇主可以找劳工律师和雇员协商。假如劳工律师也达不成补偿协议，雇主要么按雇员要求支付3个月的工资，要么等待调解仲裁地方委员会的裁决。

此外，还有些有争议的补偿。雇员可以要求雇主每个工作年份补偿20天的工资，工作满15年的雇员还可以要求每个工作年份另外补偿2天的工资。

和雇员自动辞职不同，哪怕是雇主和雇员签订了辞退书，雇员还是有权将雇主告到调解仲裁地方委员会。因此，雇主辞退雇员时，最好聘请专业的劳工律师，先由劳工律师出面和雇员协商补偿金额。假如能达成协议，雇主、雇员和劳工律师三方就要一起到调解仲裁地方委员会，当着调解仲裁员的面签订辞退补偿同意书。调解仲裁地方委员会免费提供公证服务。一旦签订了三方（雇主、雇员和调解仲裁地方委员会）同意的辞退补偿同意书，雇员就无权将雇主告到调解仲裁地方委员会。签订辞退补偿同意书前，劳工律师要先查明该雇员之前有没有在工会或其他地区的调解仲裁地方委员会告过雇主或企业。假如有，应要求雇员先撤诉，然后再签订三方同意书。

墨西哥的劳工律师都有辞退补偿同意书的通用文本。由于手续比较简单，墨西哥的劳工律师收费不高，每单收费1000比索~2000比索。

五、雇员告雇主的权利

墨西哥负责劳工诉讼的机构为墨西哥联邦调解仲裁委员会和墨西哥联邦调解仲裁法庭。墨西哥联邦调解仲裁委员会行政上隶属于劳动和社会保障部，但业务上独立。联邦调解仲裁委员会有权颁布内部法令、作出裁决和监督裁决的实施。联邦调解仲裁委员会不属于墨西哥联邦司法委员会，墨西哥另有一个隶属于墨西哥联邦司法委员会的联邦调解仲裁法庭。联邦调解仲裁法庭专门负责公务员的劳工诉讼，而墨西哥联邦调解仲裁委员会只负责普通企业的劳工诉讼。

墨西哥联邦调解仲裁委员会在各州市都有地方委员会，即调解仲裁地方委员会。调解仲裁地方委员会的仲裁结果为最终裁决。如一方不满裁决结果，只能向墨西哥联邦调解仲裁委员会提出上诉。联邦调解仲裁委员会是《联邦劳动法》的权威执行机构。除此之外，墨西哥还设有工会、国家最低工资委员会、国家职工利润分享委员会和国家人权办公室等机构负责保护雇员的合法权益。

雇员认为工作环境恶劣或工作时间过长时，有权向调解仲裁地方委员会投诉，要求企业改善工作条件、增加工资等。为维护自身权益，雇主要积极向调解仲裁地方委员会提供有利证据，如雇员的缺勤记录（出勤打卡机打印并有雇员签字的出勤卡）、雇员3天以上无故缺勤证明（必须有两名相关证人的签字）、雇员盗窃证明（雇员签字承认的书面证明）等。

一旦雇员把雇主告到调解仲裁地方委员会，调解仲裁地方委员会将免费给雇员提供律师。雇主应该找劳工律师应付雇员的起诉，有条件的大企业也可以雇用专职劳工律师负责处理企业的劳

墨西哥联邦调解仲裁委员会

资纠纷。

六、休假和休假工资

墨西哥《联邦劳动法》规定，雇员在试用期和签订雇佣合同后的第一个工作年度不享受休假待遇。雇员从第二个工作年度起享受休假待遇：第二年有6天年假，第三年有8天年假，第四年有10天年假，第五年有12天年假，第六年到第十年有14天年假，以后每5年增加2天年假，年假最多为20天。雇员可以获得正常工资的25%作为休假补贴。

七、加班工资

员工的加班费视加班时间长短而定，一般为正常工资的两至三倍。每周加班9小时以内的需付双倍工资，加班时间超过9小时或法定节假日加班的需支付三倍工资。员工每月的加班时间不得超过36小时。加班费的一半要计算入雇员的社保缴纳基数。

八、年终奖金

雇员每年可享受至少相当于15天工资的年终奖，这笔奖金须在12月20日前发放。假如员工在年底前离开企业，企业应该在发给雇员的辞职补偿或辞退补偿中，按雇员当年的实际工作天数将奖金一并发给雇员。年终奖金视为雇员工资收入的一部分，因此企业须按工资的缴费标准为雇员缴纳社保费。

九、最低工资

目前墨西哥员工的最低日工资标准为60.77比索。墨西哥政府每年都会根据国内通货膨胀率和其他因素上调全国的最低工资标准。《联邦劳动法》规定，体力劳动者的工资支付期不得超过一周，其他职工不得超过15天。企业如果拖欠员工工资，将受到调解仲裁地方委员会的处罚。调解仲裁地方委员会经常对企业进行工资审查，以确保雇主支付给员工的工资不低于法律规定的最低工资标准。员工社保费的缴费基数不得低于最低工资标准。

十、工伤和病假补贴

墨西哥社会保险局把企业分为无劳动危险的企业和有劳动危险的企业两大类。无劳动危险的企业须缴纳相当于员工工资0.5%的劳动危险费，有劳动危险的企业则按危险级别缴纳不同比例的劳动危险费。

对于无劳动危险的企业，雇主可以支付或不支付员工工伤头三天的工资。从第四天起，雇主无须支付工资，员工可以凭社保局下属的社保医院开出的假条，到社保局领取60%的工资，领取该项工资的最长时间是78周。

对于有劳动危险的企业，员工可以从工伤的第一天起，凭社保局下属的社保医院的休息证明，到社保局领取60%的工资，领取该项工资的最长时间也是78周。

墨西哥社保局将根据企业上月工伤员工的休息总天数，调整企业当月的劳动危险金标准。上月工伤员工的休息日为1天~12天的，企业须按员工工资的0.5%~1.4%缴纳当月的劳动危险金。达到或超过13天的，企业须按员工工资的1.44%缴纳当月的劳动危险金。

雇员生病且有病假条时，领取社保局工资的方法与无劳动危险企业的员工领取工伤补贴的方法一样。

十一、劳动保护用品

根据墨西哥劳动法规，雇主必须给体力劳动者提供劳动保护用品，包括工作服、工作鞋、护腰带、头盔等。墨西哥的区、市政府所属的民事保护处每年都会上门检查，如发现雇主没有按照规定提供劳动保护用品，民事保护处有权对雇主罚款。

十二、企业倒闭时员工的补偿

企业破产前必须对工人的工资进行核算和解决，然后才能宣布破产。墨西哥《联邦劳动法》规定，企业破产后如果被另一家公司吞并，雇主的更替不影响企业雇员的雇佣关系，新旧雇主在更替之前及更替之后的6个月内共同承担雇佣关系义务。6个月后，改由新雇主承担雇佣关系义务。

十三、女员工的特别权益

墨西哥《联邦劳动法》有专门保护女员工权益的条例。例如，男员工的法定工作时间为每天8小时，女员工仅为7小时；晚上8点到早上6点间不得安排女员工工作；女员工的哺乳权受到保护；女员工可以把孩子送到墨西哥社保局专设的幼儿园，这种幼儿园可以从早上7点到晚上5点看管孩子，而一般的幼儿园通常只工作半天。

第七节 相关检查

一、工会检查

墨西哥的工会历史悠久，在墨西哥的政治和经济活动中扮演着非常重要的角色。

1. 工会的分类

墨西哥的工会分为全国性跨行业工会和行业工会两类。墨西哥最大的全国性跨行业工会当属墨西哥劳动者联合会。墨西哥劳动者联合会自1936年成立以来，几乎在全国各行业都建立了分会。已故的前领导人菲德尔·维拉斯格斯任职30多年，是墨西哥工会界的不倒翁，在墨西哥的知名度不亚于总统。

墨西哥的行业工会数不胜数。比较大的行业工会包括墨西哥工农革命联合会、墨西哥工人地区联合会、墨西哥电力工人工会、墨西哥石油工人工会、墨西哥电信工会、墨西哥铁路工人工会以及墨西哥全国矿业、冶金工业、钢铁工业及有关行业工人工会等。近期最著名的行业工会当属墨西哥全国教师工会。

2. 企业如何与工会打交道

墨西哥政府规定，企业可以与工会签订集体合同，雇员也可以集体或分别参加不同的工会。当遇到员工所属的工会上门号召罢工和封路、封门示威时，如果企业与工会签订了集体合同，就可以请签约工会出面和对方工会协商。假如事情不是太严重，双方工会一般能通过友好协商解决问题。假如员工把企业告上劳工法庭，工会可以根据企业的要求，出具有关证据，如员工无故缺勤、旷工的证明等。

墨西哥《联邦劳动法》规定，员工可以自行组织工会，但必须得到劳动和社会保障部以及所在地的调解仲裁地方委员会批准。工会要求企业员工罢工时，要事先向当地政府的劳资调解处提出申请。假如企业没有签订集体工会合同，劳资调解处就会批准罢工。

墨西哥各地和各行业都有工会，企业应该找有影响力的、规模大的工会签订集体合同。墨西哥工会集体合同的有效期一般为一年，也有一年以上的。企业每年要在所在地的调解仲裁地方委员会做工会集体合同登记。工会除收取年费外，每年的五一国际劳动节也要收取赞助费。

二、消费者委员会检查

1976年2月5日，墨西哥政府颁布了《消费者联邦保护法》，同年成立了墨西哥联邦消费者委员会。墨西哥不仅是继委内瑞拉之后第二个有保护消费者立法的拉美国家，也是第一个建立消费者委员会的拉美国家。此外，墨西哥还成立了国立消费者学院，专门培养从事保护消费者事业的人才。

墨西哥消费者委员会隶属于墨西哥经济部，其宗旨是保护消费者。消委会将不定期抽查市场上出售的商品，如发现问题就上门检查，甚至封货和罚款。

墨西哥联邦消费者委员会

墨西哥消委会检查的商品大多是需要办理墨西哥安全标准证书的商品，包括墨西哥本国生产的产品和进口商品。消委会不定期派人到零售店或超市检查，如怀疑产品质量有问题，就把产品送到消委会认为可信的检验所检验。如检验结果不合格，消委会将发出检查通知。进口商或生产商要在规定时间内向消委会递交产品质量合格的证明，如墨西哥标准化认证协会或墨西哥电子标准化认证协会出具的安全标准证书、检验所出具的检验报告等。

对于进口商，除了产品质量外，消委会检查的内容还包括产品说明书、产品质保书、墨西哥安全标准证书标记、产品内外包装箱的进口标签、电耗标记等。

消委会对进口商提供的文件

进行审核后，如认为产品确实符合墨西哥有关规定，就会发出销案通知书。假如消委会不接受进口商的申诉，就有权要求进口商把产品送到消委会指定的检验所再次检验。假如检验不合格，消委会有权上门封货和罚款，直到进口商能重新证明产品合格时，消委会才会解封货物。

考虑到和消委会打交道是件费时费力的事，当消委会发出检查通知、封货或罚款时，进口商应找了解消费者权益保护的律师和消委会打交道。毕竟律师了解消委会的运作和要求，能和消委会进行协商并找到解决问题的方法。

三、有关部门的检查

在墨西哥经商的人，或多或少都遇到过警察或有关部门的上门搜查，甚至是封货、抓人、货物被拉到税务局仓库等待处理等。墨西哥警察或有关部门的上门检查分为两种：

1. 上门调查

调查令由墨西哥各州或各市公安局签发，由墨西哥总检察院的联邦警察执行。任何人（包括联邦警察）都可以到州或市公安局报案和申请调查令。持有这种调查令的警察不能进入公司、商店、仓库等地搜查，只能在上述地方的外面执行调查。

2. 上门搜查

搜查令由墨西哥各级地方法院签发。搜查令只能由以下部门申请：（1）墨西哥财政和公共信贷部税务总局下属的海关总署、税务审计总署、外贸审计总署等各个分局；（2）墨西哥总检察院下属的联邦调查局、有组织犯罪调查局等各个分局；（3）墨西哥内政部下属的国家移民局、墨西哥城和各州的移民分局。

上述部门拿到搜查令后，还要申请配备搜查的警察。只有以下警察有权配合上述部门的搜查：（1）墨西哥财政和公共信贷部下属的税务警察局的税务警察（警服标有字母“PF”）；（2）墨西哥总检察院下属的联邦公安部的联邦公安部警察（警服标有字母“MPF”）；（3）墨西哥总检察院下属的联邦调查局的联邦调查警察（警服标有字母“AFI”）；（4）墨西哥总检察院的联邦警察（警服标有字母“PGR”）。

第八节 打官司

在墨西哥生活，无论是经商还是工作，都必须知道如何打官司。墨西哥的官司类型很多，因此律师也分很多种，主要有刑事律师、税务律师、商标专利律师、劳工律师、消费者权益律师、移民律师等。这里主要介绍如何打税务官司。

在墨西哥经商，主要有开零售商店和进口货物存仓分拨两种形式。零售商基本上是从进口商处进货从事零售，存货不多，经营规模小，通常不是税务总局关注的对象。但税务总局有时也会对零售商店进行检查，因为不少零售商属于小纳税人，没有实行电子财务，因此税务总局无法监控其进货和销售的情况。出现以下两种情况时，税务总局会对零售商进行检查：（1）税务总局认为零售商的存货没有进货发票证明其合法性。这时，税务总局会把货物拉到其仓库。假如零售商能提供供货商的销售发票和进口文件，可以向税务总局要回货物。（2）税务总局认为进货发票有问题（如地址和金额错误、存在缺项和漏项等）。这时，税务总局会开出罚款单。罚款金额一般比较大，除了税务总局认定的偷税漏税金额和滞纳金外，还要加上罚金和通货膨胀率。假如零售商认为税务总局的罚款不对，可以找税务律师打官司。

进口商从国外进口货物存仓分拨。不少华人进口商由于不懂西班牙文，或不熟悉墨西哥的进口规定，其进口单证或多或少会出现问题。这些进口商常常成为墨西哥税务总局外贸审计总署的外贸审计对象和各地方税务分局的财务审计对象。假如审计人员认为进口商有问题需要罚款，就会开出罚款单。收到财政和公共信贷部的正式罚款单后，进口商只有两种选择：一是认罚，在规定时间内按罚款单的金额到银行交纳罚款。二是打官司，进口商认为自己有充分证据证明罚款不对时，可以找税务律师打官司。

墨西哥的税务律师很多，建议找口碑好、经验丰富、收费合理的律师。税务律师的收费一般是罚款总额的10%~30%，签订委托书时通常要先付一半的律师费，余额在官司结束时付清。一般情况下，与律师签订的合约或委托书上应注明，余额在官司胜诉后支付，败诉则无须支付。但也有律师坚持无论胜诉还是败诉，客户都应全额支付律师费。

墨西哥负责处理税务官司的是墨西哥联邦税务和行政法院。墨西哥联邦税务和行政法院在墨西哥城有一个高级法庭，在全国各地有23个地方法庭，各地方法庭分管各辖区内的税务官司。

打税务官司时，被税务总局罚款的公司首先向联邦税务和行政法院的地方法庭提出起诉，法庭受理后会要求公司提供有关资料，然后法庭会作出一审判决。判决结果分为三种：起诉公司全部败诉，起诉公司全部胜诉，起诉公司部分胜诉、

墨西哥联邦税务和行政法院

部分败诉。

一审判决结果出来后，假如一方不服判决，可以在法庭规定时间内提出上诉，并提供上诉理由和有关证明材料。法庭再次进行审理并作出二审判决。假如一方不服二审判决，可以上诉到联邦税务和行政法院的高级法庭，由高级法庭作出最后裁决。

墨西哥税务官司从公司上诉到法院作出二审判决，一般需要3~5年。假如要上诉到最高法庭，两级官司打下来至少需要5年。

公司将官司交给律师后，律师会根据每起官司的具体情况，要求公司提供有关证据，如进口文件、远洋运输费用分列发票、墨西哥安全标准证书、支付关税等税收的凭证、销售发票等。因此，公司平时要注意收集和保管相关进口文件。

第九节 电子商务

一、相关政策

随着经济的稳定发展和对外贸易的增长，墨西哥政府越来越重视电子商务产业的发展。由于电子商务产业涉及税收、统计、资金转移和对外贸易等诸多问题，有关电子商务的法律法规由经济部牵头，财政和公共信贷部、墨西哥银行、墨西哥国家统计局、墨西哥外贸银行共同研究出提案，交墨西哥议会讨论通过并颁布实施。

墨西哥有两个电子商务管理机构：一是电子商务协调委员会，该委员会是政府和私人企业的混合体；二是墨西哥电子商务标准化协会，该协会是私营机构。两个机构都是咨询机构，也是政府和私人企业之间进行电子商务业务沟通的桥梁。

2000年5月29日，墨西哥公布实行《电子商务法规》。为通过该法规，墨西哥议会事先通过了对《商典法》《对外贸易法》《消费者联邦保护法》等法律的修改。

二、发展现状

据统计，2013年墨西哥电子商务销售额为1200亿比索，仅次于巴西，居拉美地区第二位。目前，墨西哥共有4600万网络用户，其中74.3%的网络用户年龄低于35岁，他们是电子商务的主要买家。预计到2018年，墨西哥网上购物的人数将超过2000万。

三、电子商务平台和支付方式

墨西哥的大部分电子商务业务是在公司之间进行的。据估计，墨西哥全国有4000多家使用电子商务的公司。墨西哥公司越来越注意开辟零售领域的电子商务。目前，比较成功的是美国沃尔玛连锁超市，沃尔玛掌握了当地电子商务的运行模式。墨西哥沃尔玛及其在当地的子公司Superama超市去年开始对线上下单客户提供当天送货服务，大大增加了销售量。

据统计，美国每个人平均有两张信用卡，阿根廷每四个人中就有一人有信用卡，巴西每七个人中就有一人有信用卡，而墨西哥拥有信用卡的人还不到十分之一。墨西哥在发展银行业的同时增加了电子商务的支付方式，消费者不再依赖信用卡和借记卡。货到付款、储存现金等新兴的付款方式使消费者更愿意足不出户，享受在线购物的乐趣。这无疑能够在一定程度上刺激电子商务的发展。

墨西哥主要的电商网站包括：

（1）自由市场网（网址：http://www.mercadolibre.com.mx）。自由市场网是电商平台，截止到2014年9月，自由市场网在墨西哥境内的购物类网站中排名第一，用户访问量为135万/天，平均停留时间为9.14分钟。

（2）电子湾网（网址：http://www.ebay.com）。电子湾网是电商平台，截止到2014年9月，电子湾网在墨西哥境内的购物类网站中排名第二，用户访问量为20.6万/天，平均停留时间为9.45分钟。

（3）二手市场网（网址：http://www.segundamano.mx）。二手市场网是分类信息网站，截止到2014年9月，二手市场网在墨西哥境内的购物类网站中排名第三，用户访问量为21万/天，平均停留时间为13.52分钟。

（4）礼诺网（网址：http://www.linio.com.mx）。礼诺网是电商独立网站，截止到2014年9月，礼诺网在墨西哥境内的购物类网站中排名第四，用户访问量为16万/天，平均停留时间为3.26分钟。

（5）亚马逊网（网址：http://www.amazon.com）。亚马逊网是电商平台，截止到2014年10月，亚马逊网在墨西哥境内的购物类网站中排名第五，用户访问量为25.6万/天，平均停留时间为5.30分钟。

第十节 参展与办展

墨西哥全国共有53个展览中心（馆），展地面积达45万平方米。墨西哥的国际展览会主要集中在墨西哥城、瓜达拉哈拉、蒙特雷和阿卡普尔科等四个大城市，尤以墨西哥城和瓜达拉哈拉为多。

一、主要展览场地

1. 墨西哥城体育馆

墨西哥城体育馆属墨西哥城政府所有，是为1968年墨西哥城奥运会所建，现既是拥有1.78万个座位的体育馆，也是展览馆和音乐厅。该展馆近年来较少举办大型国际展览，多用于举办国内展览。

2. 墨西哥城世贸中心

墨西哥城世贸中心位于墨西哥城最繁华的商业大街之一的起义者大道，交通非常方便。世贸中心投入运作后，该地段人气更旺。世贸中心展馆属于高档展馆，容易吸引中高端观众。

墨西哥城体育馆

墨西哥城世贸中心

3. 墨西哥城国民银行会展中心

墨西哥城国民银行会展中心位于墨西哥城边的跑马场的对面，交通比较方便，是目前墨西哥城最大的展览馆。该展览馆共有4个大展厅，展地面积达3.4万平方米，还有25个多功能会议厅。由于占地面积大，国民银行会展中心很适合举办大型国际展览。

4. 墨西哥城圣达菲展览馆

墨西哥城圣达菲展览馆位于墨西哥城西郊的圣达菲新商业区，展地面积达3.24万平方米，分为3个无障碍物展厅。此外，该展览馆还有5125平方米的露天展地、16个共计5595平方米的大会议厅和2950个停车泊位。

此外，墨西哥比较重要的展览场地还有瓜达拉哈拉市展览中心，该展览中心是瓜达拉哈拉市最大的展览馆，每年都承办很多国际专业展览。

二、参展和办展的手续

在墨西哥参加或单独举办展览会，不需要得到墨西哥政府的批准。如果展品不在墨西哥销售，可由所在国驻墨西哥使馆照会墨西哥外交部、经济部、财政和公共信贷部并得到批准，办理临时进口手续。如果展品在墨西哥销售，则需要办理最终进口手续。

赴墨西哥参展或办展时，展团人员必须有墨西哥有关单位发出的邀请函才能办理签证。如果展览会由墨西哥举办，应由展览会组织者向参展单位发出邀请函。如果是外方在墨西哥独立办展，则由所在国驻墨西哥使馆的经济商务参赞处与墨西哥企业联系，由墨西哥有关企业发出邀请函。

展品抵达墨西哥港口的前一个月，参展单位须把发票正本和3份副本（须注明商品的品种、数量、单价和总额）、装箱单正

墨西哥城的CENTRO BANAMEX展览馆

本和3份副本、海运提单正本、展品目录等寄给海关代理，方便海关代理办理报关手续。英文单据须附上西班牙文翻译件。食品和饮料类展品须向墨西哥卫生部申请进口许可证。

第五章 在墨西哥生活

ZAI MOXIGE SHENGHUO

第一节 日常生活

一、水费

墨西哥的自来水公司都是国营公司。墨西哥各州的居民用自来水收费不一，但都有联邦政府、州政府和市政府的补贴。墨西哥自来水实行阶梯式收费，每双月收取一次。以墨西哥州为例，该州的自来水收费标准见表1。

墨西哥州自来水公司规定：在规定时间内交费的可享受5%的折扣，假如家里有60岁以上的老人且房子在老人名下，还可以享受另外35%的折扣。

二、电费

墨西哥联邦电力委员会是国

表1　墨西哥州的自来水收费标准

用水量（立方米）	基本收费（比索）	附加收费（比索）
0~10	169.12	0
10~15	169.12	16.91
15~30	253.67	17.66
30~45	518.53	19.52
45~60	811.33	22.50
60~75	1148.85	26.50
75~100	1547.85	28.09
100~125	2250.13	33.68
125~150	3092.14	40.39
150~300	4101.85	41.58
300~500	10338.74	47.77
500~700	19892.52	57.52
700~1200	31397.28	62.80
1200以上	62798.64	70.89

墨西哥联邦电力公司大楼

营公司，是负责管理全国电力的唯一一家电力公司。墨西哥的电费分工业用电收费、商业用电收费和居民用电收费。墨西哥的居民用电收费有联邦政府的补贴。墨西哥电费实行阶梯式收费，每双月收取一次。不同于水费，墨西哥的电费没有任何折扣。以墨西哥州为例，该州的居民用电的收费标准见表2。

三、煤气费

墨西哥的液化气供应商都是私营企业。墨西哥居民较少使用管道煤气，居民用气主要有两种方法：一是购买瓶装煤气罐；二是在房顶安装固定煤气罐，由液化气供应商上门供气。目前，墨西哥的液化气价格为每升7比索左右（含增值税）。

四、电信费

世界前首富卡洛斯·斯利姆·埃卢的卡尔索财团旗下的墨

表2　墨西哥州的居民用电收费标准

用电量（千瓦时）	电价（比索/千瓦·时）	其他收费
150以下	0.786	增值税
150~280	0.957	增值税
280~500	1.647	增值税
500以上	4.546	增值税

西哥电信公司和美洲移动公司控制着墨西哥国内90%以上的固话市场、72%以上的移动电话市场以及半数以上的互联网业务。墨西哥电信公司和美洲移动公司的高度垄断，令墨西哥的电信费居高不下，使墨西哥的网络和手机变成了奢侈品，而不是人们的日常通信工具。例如，墨西哥电信公司的上网套餐的月租就贵得令人咋舌：2M上网套餐的月租是389比索，5M上网套餐的月租是600比索，10M上网套餐的月租是1000比索。使用固话打

墨西哥女孩在街头玩手机

国际长途更是贵得离谱，从墨西哥打国际长途到中国原来每分钟的话费是16比索，现在降到了10比索。

第二节 房地产买卖

墨西哥是联邦制国家，因此有些法律法规除了联邦立法外，墨西哥城和各州也有各自的地方立法。墨西哥没有全国统一的《公证员法》，墨西哥城和各州有各自的《公证员法》。墨西哥虽然有全国统一的《国家不动产法》，但墨西哥城和各州还有地方《不动产法》。因此，墨西哥城和各州的房地产买卖规定不尽

相同。

墨西哥法律规定，房地产买卖必须通过公证行进行。公证行按买卖成交价收取1%~3%的公证费。墨西哥虽然允许公证行跨州做房地产买卖公证，但为方便日后处理房地产事宜，建议还是在房地产所在地的公证行做公证。现就墨西哥的房地产买卖规定介绍如下：

一、房地产估价

墨西哥城规定房地产有三个作价：政府地税作价、估价行作价、买卖双方在公证文件上的作价。墨西哥城规定，估价行作价参考政府地税作价（可以高于或低于政府地税作价），买卖双方在公证文件上的作价不能低于估价行作价的10%。

墨西哥各州规定房地产有两个作价：政府地税作价和买卖双方在公证文件上的作价。估价行作价不能作为买卖成交价。买卖双方在公证文件上的作价不能低于政府地税作价的10%，政府以地税作价为收取税费的基数。

二、对外国人购房的限制

墨西哥《国家不动产法》规定，外国人不能购买海岸线50千米以内或国境线100千米以内的房地产，外国人购买房地产必须向墨西哥外交部提出申请并获得批准。

三、卖房所得税

墨西哥规定，假如房地产的卖方是外国人，卖方就要付所得税。卖房所得税可以是买卖总价的25%，也可以是增值部分的30%。假如卖方是墨西哥人，就分两种情况：

（1）房地产卖价不超过70万个投资单位（投资单位是墨西哥银行发布的比索加通货膨胀率计算出的虚拟比索值，每月公布两次，可以在有关网站查询）的，卖方无须交纳所得税。但同时必须满足以下条件：卖方能提供在该房地产居住半年以上的证明（如税费单、电费单、最近5年的地税单等）；卖方必须证明在最近5年内只出售过一处房地产；公证文件上的买卖作价不得超过当期70万个投资单位的价格。

（2）房地产卖价超过70万个投资单位，但不到150万个投资单位的，超过70万个投资单位的部分无须交纳所得税。但同时必须满足以下条件：卖方能提供在该房地产居住5年以上的证明（如税费单、电费单、最近5年的地税单等）；卖方必须证明在最近5年内只出售过一处房地产；公证文件上的买卖作价不得超过当期150万个投资单位的价格。

四、买房应缴税费

墨西哥《国家不动产法》规定，买方必须支付因房地产买卖产生的以下税费：（1）不动产购置税，约占买卖作价的3%；（2）增值税，土地作价无须交纳增值税，但建筑作价要征收16%的增值税；（3）公证登记费，约1.4万比索；（4）交税单确认费，几百比索；（5）不欠地税证明，几百比索；（6）不欠水费证明，几百比索；（7）地价确认费，几百比索；（8）房地产位置证明费，几千比索；（9）外交部办理外国人购置房地产批准费用，几千比索；（10）估价公司估价费，几万比索；（11）其他手续费，几千比索。

五、买卖双方支付税费

买卖双方在公证行签署公证文件时，买方要向卖方支付购买房地产的所有费用，以及由公证行代收代付的全部交易税费（公证费视买方和公证行如何商定，可以同时支付或等公证文件出来后再支付）。公证行必须向有关部门付清所有税费后，才能开始办理房地产买卖的有关手续。买方付清购买房地产的费用之后，卖方必须把钥匙交给买方，双方对买卖房地产所涉及的权利和责任当场交割完毕。

买卖双方在公证行签署公证文件后一到两周，公证行就可以给买方出具公证文件的确认件。在墨西哥，公证文件的确认件的法律效力等同于正式的公证文件。公证行在公证员协会完成登记工作后（需要1个~3个月），就能出具正式的买卖公证文件。

六、公司购买房地产和摊销公司成本

墨西哥《国家不动产法》规定，公司购买房地产时，地价不能摊入公司成本，但建筑价可以摊入公司成本。建筑价分20年摊销，每年摊销5%。假如公司在购买的当年就卖出房地产，就不能做任何摊销。墨西哥《国家不动产法》还规定，公司出售房地产时，就增值部分缴纳的所得税不能抵扣公司应缴的所得税，但支付的增值税可以抵扣公司应付的增值税。

第三节 交通法规

一、概况

墨西哥是联邦制国家，除全国统一的交通法规（《公路和桥梁联邦交通法规》）外，全国31个州和首都墨西哥城还有各自的交通法规。此外，墨西哥还有一个比较奇特的现象，就是除各州的交通法规外，还制定了一项《大首都区交通法规》。该法规的由来是：在墨西哥谷地聚集

着墨西哥城全部16个大区、墨西哥州的59个市以及伊达尔戈州的1个市，共计76个区、市。由于人口增长快，目前在墨西哥谷地居住的人口已超过2000万人。当地居民区基本上连成一体，各区、市居民的双城生活很普遍，但实际上这些居民很难受墨西哥城和墨西哥州交通法规的同时管辖。另外，墨西哥谷地在地理上是一个整体，因此必须从整体出发制定环保措施。假如有两项交通法规，就很难制定统一的环保政策，如车辆限行规定等。因此，除了墨西哥城和墨西哥州各自的交通法规外，还必须有一个在墨西哥谷地共同遵守的交通法规。于是，墨西哥城和墨西哥州（加上伊达尔戈州的一个市）就共同制定了《大首都区交通法规》。但由于墨西哥城和墨西哥州的交通立法不同，问题就出现了。《大首都区交通法规》与墨西哥城和墨西哥州的交通法规只有90%相同，而墨西哥城和墨西哥州又没有明确规定当上述法规有冲突时哪项法规优先适用，这样就造成了交警执法的混乱。不过，墨西哥城和墨西哥州政府都表示，要尽快修改各自的立法，以使墨西哥大首都区、墨西哥城和墨西哥州的交通法规尽快统一起来。

二、驾驶执照

墨西哥各州对驾驶员的年龄限制有所不同，有的州规定要满16岁，有的州规定要满15岁。例如，墨西哥城政府规定，15周岁至18周岁的未成年人可以领取有效期为一年的驾驶许可证，但必须满足以下条件：（1）必须有父母或监护人签名的担保函，由父母或监护人承担未成年人发生车祸的责任和后果。（2）未成年人必须在政府规定的21所驾校中的一所学习过驾驶。驾驶员满18岁后可以领取普通驾驶执照。墨西哥城有关交通法规还规定：未成年人不能在有游行、集会、集市、朝圣、体育运动等活动的地方或路段驾车；只能驾驶小轿车，不能驾驶任何吨位的货车和任何座位数的客车；只能在6：00—22：00驾车，其他时间不能上路。

与中国驾照非常难考相反，墨西哥各州基本上无须路考和笔试，只须凭交警部门要求的文件就可以直接申领驾照。领取驾照的手续非常简单：在交警部门填一份表，交几百比索，照相后就可以领取驾照。整个过程无须排队，只需大约20分钟，人多的时候也只需1小时左右。

墨西哥各州的驾照有效期和收费均不相同。例如，墨西哥城原来可以领取永久驾照，现在只能领取有效期为1~5年的驾照，有效期不同的驾照收费不同。

墨西哥通信和交通部规定，墨西哥的驾照分为未成年人驾驶许可证和成年人A、B、C、D类驾驶证等5类，具体分类如下：（1）未成年人驾驶许可证，只能驾驶12座以下的小轿车。（2）A类驾驶证，可以驾驶12座以下的小轿车、3.5吨以下的小货车等。（3）B类驾驶证，可以驾驶警察巡逻车、救护车、3.5吨以下的市政用车（如垃圾收集车）等。（4）C类驾驶证，可以驾驶3.5吨以上的公交车、客车、校车、旅游车等。（5）D类驾驶证，可以驾驶电单车、两轮和三轮摩托车、三轮汽车等。

除了墨西哥联邦政府的驾照规定外，墨西哥城和各州都有本地区的驾照规定。墨西哥城和各州的驾照分类以及各类驾照可以驾驶的车辆的规定大体相同，但也有不同之处。例如，联邦政府的驾照分为5类，而墨西哥城的驾照则分为6类。又如，墨西哥城的A类驾照可以驾驶12座以下的小轿车，而瓜纳华托州的A类驾照只能驾驶10座以下的小轿车。

有一点很重要，就是领取驾照后一定要知道自己的驾照类别、该驾照可以驾驶什么类型的车辆、该驾照对车的限座和限重等。无论你驾车到哪个州，你都要受发放驾照那个州的驾照规定的约束。

墨西哥通信和交通部规定，外国人领取墨西哥驾照必须符合两个条件：必须有1年以上的工作签证和必须懂西班牙语。负责发放驾照的警察会问些简单的问题，假如申请人听不懂或回答不上问题，警察就不会给他发放驾照。持在墨西哥逗留时间少于1年的临时居留签证（如旅游签证）的外国人不能领取驾照。

墨西哥城政府拟把获取驾照的方法从申领改为考试，但没有公布考取驾照的具体方法。

三、《大首都区交通法规》的处罚规定

从2007年起，墨西哥大首都区启用新交通规则，其中有关处罚的规定如下：

1. 无驾驶执照和无行车证驾驶，罚款505.70比索，并把车拖到警察局。

2. 逆行驾驶，罚款252.85比索。

3. 驾驶员和其他乘客没系安全带，罚款252.85比索。

4. 在人行道、步行街、步行区、自行车道或其他人行道驾驶，罚款252.85比索。

5. 越过斑马线，罚款252.85比索。

6. 前排座位搭乘12岁以下的儿童，罚款505.70比索。

7. 在拐弯处之前的路段掉头，罚款1011.40比索。

8. 边驾驶边听耳机或打手提电话，罚款252.85比索。

9. 在公共汽车专用车道驾驶，罚款1011.44比索，并把车拖到警察局。

10. 在公共汽车道停车，罚款252.85比索，并把车拖到警察局。

11. 在人行道、步行街、步行区、掉头车道、步行岛或其他

墨西哥城Reforma大道，相当于北京长安街

人行道停车，罚款252.85比索，并把车拖到警察局。

12. 在道路放置阻碍或影响交通的标志或其他物品，或用车辆或其他物品妨碍交通或封路，罚款505.70比索。

13. 在第二或第三车道上下车，罚款505.70比索。

14. 在两条车道中间驾驶，罚款505.70比索。

与此同时，新交通规则还对以下违章行为予以扣分：超速驾驶、在人行道路（人行道、步行街、步行区、自行车道或其他人行道）上驾驶、组织或参加非法赛车、酒后开车或吸毒后开车的扣6分；违反交通标志或不听交警指挥、前排座位搭乘12岁以下儿童的扣3分；违反其他交通规则的扣1分。扣满12分者，要3年后才能重新申请新的驾驶执照。

第四节 购车和保险

在墨西哥生活，汽车是必不可少的交通工具。因为墨西哥很多城市地域广阔，城市建设速度很快，规模相当大。虽然各种公共交通工具不少，但城市道路仍然显得非常拥挤，而且很多地方没有公交车和地铁。而墨西哥城市之间的交通，基本上靠公路连接，极少有铁路客运。因此，在墨西哥汽车不是奢侈品，而是不可或缺的代步工具。

墨西哥是世界上第五大汽车生产国和第四大汽车出口国。墨西哥没有本国品牌的汽车，其生产和出口的汽车全部是外国品牌。由于墨西哥对进口的外国整车征收很高的关税，因此很多外国汽车公司都在墨西哥设厂生产。这些工厂生产的汽车，部分返销到自己国家，部分出口到其他国家，部分在墨西哥销售。目前在墨西哥设厂生产汽车的外国公司很多，主要包括：美国的福特汽车公司和通用汽车公司，日本的本田汽车公司、日产汽车公司、丰田汽车公司和马自达汽车公司，德国的大众汽车公司及其子公司奥迪汽车公司等。此外，已经宣布在墨西哥投资设厂的还有韩国的现代汽车公司和起亚汽车公司、德国的宝马汽车公司等。除了本国生产的外国品牌汽车，墨西哥也有很多进口汽车，如法国的标致和西班牙的西雅特轿车等。

一、购车手续

在墨西哥购车很方便。墨西哥有很多大大小小的车行，车行一般分为销售和维修两个部门。此外，墨西哥还有很多二手车车行，经济能力差一点的买家可以

墨西哥城一家日产车行

选择到这些车行买车。

在墨西哥买车不需要提供很多文件。假如是个人买车，只需要向车行提供车主的身份证、住址证明（如税费单、电费单等，住址证明的抬头可以是车主或其他人）和个人税号。假如是公司购车，还要另外提供公司的注册公证文件和税号。

墨西哥的购车手续费非常低，只需交纳几百比索的上牌费和几百比索的汽车保有费。墨西哥城和墨西哥州还规定，私人小车免交年费。

过去墨西哥允许车主自己选择车牌，现在统一由电脑派号。

二、汽车油烟检

购买新车后，必须在1个月内办理第一次油烟检。假如没有办理，在1个月内须按1号油烟检的规定每周停开一天。办理油烟检只需要向油烟检中心提供行车证和购车发票等。

墨西哥城和各州对油烟检的规定如下：

1. 双零油烟检许可证：每天都可以行驶，适用于0~2年车龄的车辆。

2. 单零油烟检许可证：每天都可以行驶，适用于2~8年车龄的车辆。

3. 1号油烟检许可证：每周停开1天，每月停开2个周六，适用于8~15年车龄的车辆。车牌为单号的车辆停开第一和第三个周六，车牌为双号的车辆停开第二和第四个周六。

4. 2号油烟检许可证：每周停开1天，停开所有周六，适用于15年以上车龄的车辆。

三、汽车保险

墨西哥有很多汽车保险公

司，此外各商业银行也有提供汽车保险服务的保险公司。墨西哥各保险公司的服务大同小异，汽车保险基本上分为三种：全险、不含自身险的全险和第三者险。发生交通事故后，涉事车主只须给自己的保险公司打电话，保险员通常会在1个小时内到达事故现场。双方或多方的保险员根据事故现场研究判断，当场作出处理意见，无须交警到场处理。假如有一方车主或其保险员不同意协商结果，就要通知交警到场，由交警安排吊车把涉事车辆全部拖到交警部门所属的车场，然后由交警部门作为第三方作出裁决。这种裁决通常需要1个星期到1个月，交警部门没有作出判决之前，所有涉事车辆一律扣留在交警车场。收到交警部门的裁决后，各涉事车主就可以去提车了，但必须出示车辆的有关文件并按存车天数交纳存车费（每天几百比索）。

第五节 墨西哥城交通

墨西哥大首都区有2000多万人口，拥有约400万辆汽车。墨西哥城政府投入了大量资金修建道路，但始终赶不上交通需求，堵车状况严重，尤其是上下班时间。因此，人们有时不得不依赖公共交通工具。墨西哥城的公共交通工具主要有地铁、城市快线车、公共汽车、小巴士、轻轨、无轨电车等。

一、地铁

1969年4月，墨西哥城第一条地铁线建成并投入运行，墨西

墨西哥城地铁

地铁车厢宽敞舒适

哥城成为拉美第一座拥有地铁的城市。地铁建设由墨西哥城政府工程和服务局负责，营运则由集体运输系统公司负责。

墨西哥城现有12条地铁线，总长度为225.9千米，共有195个地铁站，其中115个建在地下，55个建在地面，另有25个建在高架线上。有184个地铁站位于墨西哥城，另有11个地铁站位于墨西哥州。每条地铁线以一个数字或字母作为代号，并以不同的颜色标记。为方便不识字的乘客乘坐，每个地铁站以一种图案为标志，例如革命纪念碑站的标志是革命纪念碑，国际机场的标志是飞机。

地铁票价与距离远近、所需时间无关，单程票的统一票价为5比索。据估计，地铁单程票的成本是10比索，乘客支付5比索，墨西哥城政府补贴5比索。各地铁站都有售票处，乘客可以选择购买单程票或充值卡。5岁以下的儿童、60岁以上持有老年证的老人和残疾人士免票。运行时间为：周一至周五为5：00—24：00，周六6：00—24：00，周日和节假日7：00—24：00。周一至周五的8：00—10：00和17：00—20：00为高峰期，高峰期在一些最主要的线路设有专门的妇女、儿童和老人通道，此外每趟列车都有1~2节车厢专供女性乘客乘坐。

地铁是墨西哥城最主要和最繁忙的公共交通工具，日客运量高达500多万人次。包括外国游客在内的很多人士选择乘坐地铁，一是因为地铁快捷方便，不受地面堵车影响，可以控制出行时间和到达时间；二是因为地铁网络几乎覆盖了整个墨西哥城和墨西哥州的部分地区，各换乘地铁站的标志清楚醒目，就算是初次乘坐，只要拿着地铁地图，也可以顺利换乘不同的线路。地铁5号线到达墨西哥城国际机场的一号航站楼，方便了乘坐飞机出行的旅客。

二、城市快线车

城市快线车是一种在地面专用车道上行驶的快速公交车，因乘车和运行方式与地铁相同，被墨西哥人称为“地铁巴士”。过去，前往地铁无法到达的地方，人们只能乘坐公共汽车。由于没有公共汽车专用车道，经常堵车，加上公共汽车多，造成严重的空气污染。有专用车道的“地铁巴士”投入使用后，人们乘车的时间普遍缩短了一半以上。由于“地铁巴士”实际上是把乘客集中运输，乘客可以换乘不同的快线，因此投入使用的车辆大大减少，从而减少了空气污染，改善了空气质量。因此，墨西哥城“地铁巴士”不但倍受墨西哥民众的欢迎，还获得过国际有关奖项。

2005年6月，墨西哥城第一条“地铁巴士”线路在起义者大道开通，该线路全长30千米。

城市快线车（也称作“地铁巴士”）

起义者大道是连接墨西哥城南北的主干道，过去是墨西哥城最堵车的道路之一。自“地铁巴士”投入运行后，该道路的交通状况大为改善。此后，墨西哥城政府加快了“地铁巴士”的建设。目前，全市共有5条“地铁巴士”线路，总运行长度为105千米，设有171个车站。“地铁巴士”的站台类似地铁站台，但是站台设在道路中央。站台为双向行车共用，装有遮阳防雨顶棚，非常简单实用。“地铁巴士”的车身为红色，中间点缀着黄色曲线，车头和车身分别写着“地铁巴士”字样，车尾印着墨西哥城的标志“独立天使”，显得醒目大方。

目前，“地铁巴士”的车型有单铰接客车和双铰接客车两种。单铰接客车长约18米，有4扇门，载客能力为160人；双铰接客车长约28米，有6扇门，载客能力为240人。墨西哥城政府拟引入双层客车和开通更多的线路，以解决日益增长的客运需求。“地铁巴士”的单程票价一律是6比索。各车站都不单独售票，乘客要事先去售票点购买充值卡，“地铁巴士”的充值卡与地铁、轻轨和无轨电车的充值卡通用。5岁以下的儿童、70岁以上的老人和残疾人士免票。“地铁巴士”的运行时间为：周一至周五4：30—24：00，周六、周日和节假日5：00—24：00。

三、公共汽车和小巴士

墨西哥城的公交车除了“地铁巴士”外，还有公共汽车和小巴士两种，前者由墨西哥城市政乘客运输系统公司经营，后者由私人公司承包。公共汽车站大多没有站牌，只在车前放置一块写着终点站或沿途主要站点的牌子。假如乘坐不熟悉的公共汽车，很容易上错车。因此，上车前最好先询问司机该车要到什么地方。公共汽车的票价一律是5比索。近年来，墨西哥城的公共

墨西哥城公共汽车

汽车逐渐被越来越多的“地铁巴士”取代。

“比塞罗”（Pesero）是墨西哥人对小巴士的习惯叫法，意为“1比索价小巴士”，因为过去小巴士的票价一直是1比索（Peso）。现在小巴士的票价已远不止1比索，但这个约定俗成的叫法却沿用至今。“比塞罗”全部由私人承包，大多是10~20座的小面包车，座位最多的不超过24座。“比塞罗”体积小、乘客少，适合在地铁、“地铁巴士”和其他公交车无法到达的地区运行。墨西哥城的偏远地区和周边地区满街都是“比塞罗”。和公共汽车不一样，“比塞罗”基本上没有车站，乘客招手即停，随上随下，便捷灵活。“比塞罗”虽然在车前写着始发站和终点站的站名，但还是建议大家上车前询问司机，以免去错地方。“比塞罗”的票价从5比索起计，距离越远票价越高。墨西哥城建在墨西哥谷地特斯科科湖干枯的湖底，地基不稳，加上地震多发，因此城市规划采用摊大饼的方式，高楼很少，城市不断向周边发展。周边居民区越来越多，而“比塞罗”很适合周边居民使用。因此，“比塞罗”不仅不会被其他交通工具取代，还会继续扩大发展。

小巴士“比塞罗”

四、轻轨

墨西哥城只有一条轻轨，线

轻轨车

路北起地铁2号线（蓝线）的终点站达斯肯亚站，与位于达斯肯亚的长途汽车南站相接，南至南部的索奇米尔戈水上公园。轻轨于1986年投入运行，全长13.04千米，有18个车站和20辆车身涂成蓝色的两厢车，每趟车可以运送374名乘客。轻轨不单独售票，而是使用与地铁、无轨电车和“地铁巴士”通用的充值卡，即“墨城公交一卡通”，乘客可以在任何一个轻轨车站或地铁、“地铁巴士”所设的售卡处买到“墨城公交一卡通”。轻轨的单程票价一律是5比索。轻轨的运营时间为：周一至周五5：00—24：00，周六6：00—24：00，周日及节假日7：00—24：00。

五、无轨电车

墨西哥城的无轨电车和轻轨统一由市政府电车运输服务公司负责。无轨电车现有8条线路，线路总长203.64千米，共有290辆电车，在墨西哥城的9个大区运行。无轨电车的车站没有站牌，

无轨电车

有轨电车

但各车的车头都有写着线路名称、编号、始发站和终点站的指示牌。无轨电车可以单独买票，也可以使用“墨城公交一卡通”。无轨电车的单程票价一律是4比索。无轨电车的运营时间为：周一至周五4：42至次日凌晨1：26，周六4：52至次日凌晨1：28，周日及节假日5：29至次日凌晨1：16，发车间隔为4分钟。

六、出租车

据墨西哥城交通运输局统计，墨西哥城现有出租车约14万辆，这个数字不包括周边墨西哥州各市送客进城的出租车。墨西哥城的出租车分为两种，一是固定在出租车站提供服务的出租车，二是街上招手即停、跳表的出租车。出租车站的出租车价格比较高，尤其是机场出租车，它们的价格大约比街上的出租车高一倍。出租车站的出租车比街上的出租车安全，因为这些出租车在车站进行了登记。墨西哥城的出租车站很多，只要打个电话，出租车就会上门接客。这种出租车不跳表，因此需要事先讲好价钱。晚上打车时要注意观察车窗有没有张贴带有司机头像的营业执照，同时要询问清楚该车是否跳表，假如不跳表就得先谈好价格，以免受骗。出租车都没有发票，只有计程器打印的收据。

七、观光巴士

墨西哥城的观光巴士历史不长，最早的中线观光巴士于2002年投入运行。目前，墨西哥城共有3条观光巴士线路，分别为中线、南线和北线，此外还有一些专题观光线路。观光巴士的票价为：周一至周五140比索，儿童及60岁以上的老人70比索；周末和节假日165比索，儿童及60岁以上的老人85比索；两天票有折扣。观光巴士在主要景点的车站设有售票点。观光巴士通常为30~45分钟一班车，可以在各景点随意上下车。车辆全部使用双层巴士，车上提供西班牙语、英语、法语、意大利语、德语和日语共6种语言的录音解说，票价包括了解说费。

墨西哥城国家音乐厅

1. 中线

中线在波兰戈区和市中心之间运行，始发站是国家音乐厅，全线共有21个车站。营运时间为9：00—21：00，沿途可观看市区主干线改革大道和查普尔特佩克大道的景点。

2. 南线

南线从孔德萨区出发，途经贯穿墨西哥城南北的起义者大道，终点是墨西哥国立自治大

位于墨西哥城改革大道的哥伦布纪念碑

学。全线共有15个车站，营运时间为10：00—21：00，沿途可观看起义者大道等多个景点。

3. 北线

北线从墨西哥城中心的宪法广场（索卡洛广场）至北部的天主教三大奇迹教堂之一的瓜达卢佩圣母大教堂。全程共有4个站，营运时间为9：00—21：00。

4. 夜游线

夜游线的路线和中线一样，所不同的是它在晚间营运，营运时间为21：00至次日凌晨1：00。

5. 老城区酒吧专线

该线路在每周四20：00开始运营，主要参观市中心的有名酒吧。

6. 观看自由式摔角专线

该线路在每周五18：00出发，主要观看墨西哥城有名的自由式摔角表演，用时大约5.5小时。

此外，墨西哥城还有宫殿专线、军队建军百年观光专线等专题观光线路。

八、长途汽车

墨西哥城共有四个长途汽车站，分布在东、南、西、北四个方向。长途汽车客运为私营，各汽车站内有很多由不同的长途汽车公司经营的线路。各公司车辆的豪华程度各异，座位基本上分为一等座和二等座。乘坐长途汽车时，建议出发前先了解前往目的地的车次的票源是否紧张。假如票源紧张，应提前在网上购票；假如票源不紧张，可以到了车站再买票。

1. 北站

北站是墨西哥城最大的长途车站，主要经营墨西哥城以北方向的线路，现开辟了通往瓜纳华托、瓜达拉哈拉、圣米格尔·德

长途汽车北站

阿连德、莱昂、埃莫西约、蒂华纳、新拉雷多、马塔莫罗斯、雷诺萨和华雷斯等地的线路。

2. 东站

主要经营墨西哥城以东方向的线路，现开辟了通往普埃布拉、韦拉克鲁斯、坎佩切、坎昆、梅里达等地的线路。

长途汽车东站

3. 西站

主要经营墨西哥城以西方向的线路，现开辟了通往曼萨尼约、巴亚尔塔港、托卢卡、莫雷利亚 、瓜达拉哈拉等地的线路。

长途汽车西站

4. 南站

主要经营墨西哥城以南方向的线路，现开辟了通往达斯科、库埃尔纳瓦卡、阿卡普尔科、瓦哈卡、伊斯塔帕等地的线路。

长途汽车南站

此外，墨西哥城国际机场也设有长途汽车站，但其长途汽车到达的目的地较少，主要前往普埃布拉、库埃尔纳瓦卡、克雷塔罗等几个附近的城市，票价比其他长途车站贵很多。假如前往上述地点的旅客行李很多，可直接在机场转乘长途汽车。

第六节 文件认证

一、认证文件种类

在墨西哥需要政府有关部门认证的文件主要分为以下三类：

1. 商业类：营业执照、原产地证明、发票、合同、委托书、授权书、报关单、商标专利注册证书、检验检疫证书、商检证、价格单、装箱单、提单、屠宰证、保险单、卫生许可证书、穆斯林清真证、环境合格证书、产品检验报告等。

2. 民事类：出生证、毕业证、学历证、结婚证、无犯罪证明（墨西哥有两种无犯罪证明，由墨西哥城和各州司法总局出具的无犯罪证明只在墨西哥有效，由墨西哥内政部出具的无犯罪证明可在境外使用）、健康证、死亡证、职业资格证、成绩单、未婚证明、离婚证明、同居证明、驾驶执照等。

3. 公证文件类：遗产声明、放弃财产声明、无遗嘱声明、无捐赠声明、无抚养人声明、亲属关系声明、房地产买卖公证文件等。

二、认证种类

墨西哥的认证分为在《海牙取消认证公约》协约国之间使用的海牙认证和在非《海牙取消认证公约》协约国之间使用的外交领事认证。

1. 海牙认证

1961年签订的《海牙关于取消要求外国公文书认证的公约》（简称《海牙取消认证公约》），旨在使文书在成员国之间流转时免除外交领事认证手续，仅需文书发出国的主管机关签发的附加意见证明书即可在协约国之间使用。《海牙取消认证公约》有近百个协约国家和地区（包括中国香港和中国澳门），墨西哥是协约国之一。海牙认证是签约国之间相互承认的，由特定官方机构对公文上的主管部门签字和盖章的真实性予以确认的认证。

2. 外交领事认证

外交领事认证专指非《海牙取消认证公约》协约国和地区使用的认证。目前中国还不是《海牙取消认证公约》的协约国，因此适用外交领事认证。

三、办理认证的方法

1. 海牙认证

办理海牙认证时，首先要办理墨西哥城或所在州政府的认证。假如是墨西哥城有关部门出具的证明或墨西哥城公证行出具的公证文件，就要到墨西哥城政府司法和法律服务部的司法和立法研究总局咨询处或合同局咨询处办理认证。假如是外州，就要到所在州政府事务部的行政服务局认证处办理认证。办理地方政府认证的程序是：首先，递交文件，办理认证的人员检查文件后将发放一张表格（需要填写当事人和代办人的资料）。然后，拿着表格到当地税务局登记，登记时代办人需要提供自己的税号，税务局将出具一份付款单。接着，拿着付款单到税务局指定的银行付款，目前墨西哥城税务局每份认证的收费是75比索。最后，带着付款单回到办证处，把付款单连同文件一起交给办证处，当天就可以办妥认证。

无论是外州还是墨西哥城，办理地方政府认证后，都要到墨西哥内政部政府事务局的协议执行处办理海牙认证。办理内政部的海牙认证的程序是：首先递交文件接受检查，然后填写付款单，接着到内政部指定的银行交纳439比索的办证费，最后把办证费付费单连同文件一起递上去，当天就可以办妥认证。

2. 外交领事认证

办理外交领事认证时，首先要办理墨西哥城或所在州政府的认证。假如是墨西哥城有关部门出具的证明文件或墨西哥城公证行出具的公证文件，就要到墨西哥城政府司法和法律服务部的司法和立法研究总局咨询处或合同局咨询处办理认证。假如是外州，就要到所在州政府事务部的行政服务局认证处办理认证。办理地方政府的外交领事认证的程序及其付费与办理海牙认证一样。

无论是外州还是墨西哥城，办理地方政府的认证后，都要到墨西哥内政部政府事务局的协议执行处办理外交领事认证。办理墨西哥内政部的外交领事认证的程序及其付费和办理海牙认证一样。

办完墨西哥内政部的外交领事认证后，接着就要办理墨西哥外交部的领事认证。墨西哥外交部在大首都区和各州都设有外事办公室，其中大首都区设有9个外事办公室。墨西哥外交部授权各外事办公室的主任签发外交领事认证。外交部的外交领事认证的程序是：首先由外事办公室检查文件，然后填写付款单，接着到外事办公室指定的银行交纳280比索的认证费，最后把办证费付费单连同文件一起递上去，一般要到第二天才能办妥认证。需要注意的是，一定要和外事办公室确认外事办公室主任或其他签字人是否已在中国驻墨西哥使馆的领事部进行备案。

办完外交领事认证后，还要到中国驻墨西哥使馆的领事部办理中国领事认证。中国领事认证的程序是：首先由中国驻墨西哥使馆的领事部检查文件，然后填写认证申请表，最后到使馆指定的银行付费，5个工作日就可以办妥认证。

假如证明文件或公证文件的使用国是中国，还要请墨西哥有关法院任命的中西文翻译专家，把证明文件和认证文件从西班牙文翻译成中文，然后在上面签字盖章。

第七节 退休

根据墨西哥《社会保险法》的规定，凡是参加墨西哥社会保险的企业员工，无论男女，满60岁方可享受退休待遇。

一、相关规定

墨西哥《社会保险法》规定：1997年7月1日前加入社会保险的，适用1973年颁布的《社会保险法》的有关规定，即只要年满60岁且交够500周的社保费，就可以退休；1997年7月1日后加入社会保险的，适用1997年颁布的《社会保险法》的有关规定，即只要年满60岁且交够1250周的社保费，就可以退休。

墨西哥《社会保险法》规定：60~65岁退休的叫到龄退休，而65岁或65岁以后退休的叫老年退休。企业员工退休后，按最后5年的平均社保缴费的一定比例领取退休金：60岁时按75%领取，61岁时按80%领取，62岁时按85%领取，63岁时按90%领取，64岁时按95%领取，65岁以后按100%领取。

二、养老金托管

墨西哥社保局把参加社保的职工的养老金委托给商业银行代管。墨西哥各大商业银行都有养老金管理部门，专门管理养老金的投资。职工加入社保时，可以指定托管银行，否则社保局将随

在街头歇息的墨西哥老人

意分配托管银行。墨西哥的托管银行会对职工的托管账户进行竞争，他们经常上门或打电话介绍自己的托管服务的好处，以此说服职工改换托管银行。由于各托管银行运用养老金储蓄进行投资所取得的经济效益不同，所以职工的不同托管银行账户的存款效益也有所不同。墨西哥各托管银行每月或每季度会给职工邮寄养老金账户对账单。

三、退休金申领

申领退休金时，先到自己的养老金托管银行办理结账。托管银行出具退休金账单后，填写退休金预申请表，接着就可以到所属的社保分局或社保局指定的社保医院退休办事处办理退休手续。

申领退休金时需要提供身份证、住房基金对账单、社会保险费停交费证明、居民登记证、居住证明、出生证或入籍证书等文件。假如还需要确定退休金的受益人，就必须同时提供受益人的相关文件，如受益人和退休人的亲属关系证明（结婚证明或母子关系证明等）、身份证、税号、居民登记号、墨西哥出生证明或入籍证明等。

假如递交的文件没有问题，社保局通常会在1个月内给申请人一份领取退休金的批文。申请人拿着批文就可以到退休金托管银行申请退回住房公积金和原来交纳的一部分退休金。以后每个月的前五天，社保局会把退休金转到托管银行的账户，然后由托管银行把退休金存入申请人指定的银行账户。

墨西哥《社会保险法》规定，职工到了60岁的退休年龄，但没有交够规定的500周的社保费时，可以申请一次性退回住房公积金和部分退休金，但其他社保费不能退回。申请一次性退回住房公积金和部分退休金时，先按申请退休金的方法向社保局提出领取退休金申请，社保局根据有关规定予以拒绝后，职工拿着拒绝通知书就可以到托管银行办理有关退还手续。

四、退休金继承

墨西哥《社会保险法》规定，遇到以下情况时，退休金可以继承，前提是退休职工在办理退休金申领手续时已经一并明确了受益人的继承权利：

1. 假如妻子没有退休金而丈夫有退休金，丈夫去世后，可以按90%的比例把退休金转到妻子名下继续领取，直到妻子离世。

2. 假如妻子有退休金而丈夫没有退休金，妻子去世后，丈夫想继承其退休金，须先向墨西哥法院的民事法庭申请。民事法庭裁决丈夫经济上一直依靠妻子的退休金生活后，丈夫才能按90%的比例继承妻子的退休金。

3. 假如丈夫和妻子都有退休金，丈夫去世后，妻子也可以按90%的比例继承丈夫的退休金。

4. 假如男子有退休金，但没有妻子和子女作为继承人（受益人），且其生前办理退休金领取手续时把母亲作为受益人，那么儿子去世后，母亲也可以按90%的比例继续领取儿子的退休金。

五、外籍职工退休

墨西哥《社会保险法》规定：只有墨西哥职工才能享受退休待遇，外籍职工不能享受退休待遇，但年满60岁的外籍职工可以先停交社保费，然后申请一次性领取住房公积金和部分退休金。申请一次性领取住房公积金和部分退休金需要国外护照、在墨西哥的有效居住证明、社保卡、有本人社保号的托管银行对账单、国外出生证、居民登记证、税号、社会保险费停交证明等文件。

六、老年证领取

墨西哥规定，年满60岁的墨西哥人都可以办理老年证。办理老年证时需要出生证或入籍证书的复印件、选民证复印件、身份证复印件。持有老年证的老人可以享受以下优惠：

1. 水费折扣：只要夫妻一方持有老年证，且老年证上的地址和水费单上的地址一致，则在规定时间前交纳水费时可以享受约30%的折扣。

2. 地税折扣：持有老年证的房主在墨西哥各州都可以享受到地税折扣，但各州的折扣不一样，且持证人只有一处房子可以享受地税折扣。

3. 其他折扣：老年证是全国性的，可以在全国任何地方享受当地规定的减免收费。例如，持证人在墨西哥城乘坐地铁和轻轨时免票，在墨西哥城乘坐公共汽车和无轨电车时只须购买半票（70岁以上的老人乘坐“地铁巴士”也只须购买半票），在全国各地进入公园和博物馆时免门票，在部分药房（如喜米拉雷斯药店）买药时有10%的折扣，在一些餐厅吃饭有不同程度的折扣等等。

第六章

墨西哥特色文化

MOXIGE TESE WENHUA

第一节 特基拉酒

墨西哥的国酒非特基拉酒莫属。特基拉酒是墨西哥的特产，它是用一种特别的蓝色龙舌兰酿制而成。这种龙舌兰只生长在哈利斯科州的特基拉镇，因此又被称作“特基拉龙舌兰”。

龙舌兰需生长12年才能成熟。成熟后农夫先把叶子砍掉，然后割下茎部，茎部可重达70多公斤。把龙舌兰的茎部送到酒厂后，先把茎部割成两半并泡洗24小时。然后进行榨汁，汁水加糖后送入发酵柜中发酵两天至两天半。接着进行两次蒸馏，此时的酒香气突出，口味醇烈。最后把酒放入橡木桶陈酿。陈酿的时间不同，酒的颜色和口味会差异很大。根据陈酿的时间，特基拉酒可分为三个品级：未经陈酿的白色酒叫做白特基拉，贮存了1年的黄色酒叫做陈酿特基拉，存放了两年以上的金黄色酒叫做陈年特基拉。

特基拉酒的度数大约是

龙舌兰

酿造特基拉酒用的龙舌兰根茎

38°，属中度白酒。特基拉酒口感微辣，入口香醇，酒香绕于舌尖、缠绵于喉，深受墨西哥人喜爱。每逢过节和亲朋好友间聚餐，墨西哥人必喝特基拉酒助兴。除了作为多种鸡尾酒的基酒，特基拉酒还有多种多样的喝法：有人喜欢在手背上放些碎盐，喝一口特基拉酒后再舔一口盐；有人喜欢在酒杯旁边放一杯番茄汁，喝一口特基拉酒后再喝一口番茄汁；有人喜欢在桌面放一小碟切成片的柠檬，边喝酒边往酒杯里加柠檬汁。总之，特基拉酒给墨西哥人带来了很多欢乐。

第二节　玉米饼

墨西哥是玉米的原产地，古代的玛雅人和阿兹特克人已经开始种植玉米。墨西哥的玉米种类很多，以颜色进行分类，有白玉米、黑玉米和蓝玉米等，最常见的是白玉米。墨西哥人吃玉米的方式多种多样，最常见的方法是用火把整个玉米棒子烤熟，然后放上辣椒酱、柠檬汁等佐料就可以直接食用了。现在，墨西哥人每年食用上千万吨玉米。玉米制成的小饼是墨西哥人的主食，上至总统，下至普通百姓，天天离不开玉米饼。墨西哥玉米小饼脂肪低、无胆固醇、无糖、低钠、高维生素、高纤维，堪称墨西哥的一大特色。

墨西哥玉米饼有两种制作方法：一种是手工制作，将玉米粒浸泡在石灰水里，然后用石磨磨成粉，以水和匀，揉成面团，搓成小面团后用手拍成扁圆形，擀成小薄片并放入平底锅烤一会儿，就制成又香又脆的小饼。在墨西哥大小城镇的街头，都有现做现卖的玉米饼摊，尤以印第安妇女经营的小摊为多，她们烙制的黑色玉米饼和蓝色玉米饼深受墨西哥人喜爱。还有一种是机器加工。墨西哥的城镇都有玉米饼加工店，加工店边加工玉米饼边出售。很多墨西哥人都到街上的加工店购买玉米饼，超市里也出售大加工场加工生产的玉米饼。

玉米饼

玉米饼的吃法也多种多样，最简单的吃法是卷些碎盐吃。当然，大家也可以根据自己的喜好，把炭烤的鸡肉、牛肉或猪肉，以及番茄、生菜、辣酱、香菜、鳄梨、黄油等放在小饼里卷着吃，这就成了墨西哥人最喜爱的“达哥”卷小饼（Taco）了。玉米饼还可以油炸、油煎、做汤、切成小片后用锅炒。总之，墨西哥人把玉米饼的吃法发挥得淋漓尽致。

第三节 仙人掌

墨西哥中北部干旱少雨，除每年5月~9月的雨季略为多雨外，其他时间基本上为旱季，加上高原昼夜温差很大，因此很适宜仙人掌的生长。世界上2000多个仙人掌品种中，墨西哥就有

仙人掌

1000多种，其中200多种还是墨西哥特有的，因此墨西哥有“仙人掌王国”之称。

墨西哥的仙人掌种类繁多、形状各异，有球拍形、圆球形、木桩形、柱形、伞形等。仙人掌的花也是五颜六色、多姿多彩，具有很强的观赏性。仙人掌叶含有维生素、胡萝卜素、氨基酸、铁、锌等成分，对胃病和十二指肠溃疡有明显疗效。

仙人掌叶是墨西哥人最常食用的蔬菜。超市里的工人用刀把仙人掌叶上的刺削去后出售。墨西哥人把仙人掌叶买回家后，把叶切成小粒或小条，用开水煮熟后，拌上辣椒、葱头等就是上好的冷菜，也可以加入姜、葱、辣椒炒成一道热菜。仙人掌叶口感爽滑，略带酸味，别具特色。

仙人掌的果实叫“盾纳”（Tuna），通常是绿色，也有红色、紫色等颜色。仙人掌果实皮厚带刺，个儿不大但籽多，剥皮后便可以食用。果肉爽口香甜，是墨西哥人非常喜爱的水果。

第四节 辣椒文化

墨西哥是辣椒的原产地。根据考古发现，大约9000年前，墨西哥的印第安人就已经开始种植辣椒。印第安纳瓦特尔语把辣椒叫作“智利”（Chilli），西班牙语辣椒（Chile）一词就源于此。16世纪初，西班牙殖民者来到墨西哥后把辣椒传播到世界各国。大约在明末时期，辣椒传入中国。目前，墨西哥有100多种辣椒，占世界辣椒品种的一半以上，其中“哈巴内罗”辣椒（Habanero）据说是墨西哥最辣的辣椒。

墨西哥的辣椒外形各异，大小不等，一般是体形越小味道越辣。辣椒的颜色有红色、黄色、青色、绿色等，各种颜色应有尽有。辣椒是墨西哥菜肴中不可或缺的佐料，无论是城市还是乡村，不管是早餐、午餐还是晚餐，从普通人家到高档餐馆甚至国宴，辣椒都是必不可少的。新鲜的辣椒和晒干的辣椒名称各异，烹调方法多不胜数，如用于腌肉、煲汤、烧烤和制作沙拉、糖果、饮品等，真可谓“无所不辣”。墨西哥人食用辣椒的方法也是花样百出：或直接吃鲜辣椒，或调汁佐餐，或晒干后与番茄、仙人掌等煮汤，还可以与水果、糕点、糖果、零食、饮品和冰激凌等混合享用。

墨西哥人的餐桌上通常会放着鲜辣椒酱“萨尔萨”（Salsa）。萨尔萨的主料虽然都是辣椒，但由于配料不同，味道和颜色也会不一样。最常见的是绿色萨尔萨和红色萨尔萨。绿色萨尔萨是用绿辣椒、绿番茄、香菜、葱头等做成的，而红色萨尔萨则是用红辣椒和红番茄做成的。还有一种以辣椒调味的凉菜叫“墨西哥萨尔萨”，它是把小绿辣椒、红番茄、洋葱头和香菜等切碎后凉拌而成的，甜中带辣，清新爽口。由于制作方法简单，“墨西哥萨尔萨”是墨西哥人餐桌上最常见的一道凉菜，墨西哥餐馆都会免费提供该凉菜。这道凉拌菜中的辣椒是绿色的，洋葱是白色的，番茄是红色的，这三种颜色和墨西哥国旗的绿、白、红三色一样，所以叫做“墨西哥萨尔萨”。墨西哥人炽热的爱国热情跃然“菜”上。

墨西哥人吃辣椒到了无以复加的地步。可以说，在墨西哥没有什么食物是不可以加辣椒的。墨西哥人喝啤酒时，喜欢在啤酒杯口蘸些辣椒粉和着啤酒喝。街头卖烤玉米棒的摊档，必定备有几种辣椒酱，食客把各种辣椒酱浇到玉米棒上，吃得津津有味。街头卖爆米花和炸薯片的流动小车，都放着辣椒酱，供食客享用。吃冰激凌时，墨西哥人喜欢往里面放辣椒。卖水果的店老板把芒果、甜橙、苹果、菠萝、木瓜、凉薯等水果削了皮，切成条，插在小木棍上或拌成什锦水果后，也要洒满辣椒粉。

墨西哥萨尔萨

墨西哥的辣酱种类很多，其中最著名的莫过于普埃布拉的“莫雷”甜辣酱（Mole）了。“莫雷”甜辣酱据说是普埃布拉市一座修道院的一名神父发明的。当时该神父为了招待墨西哥总督，亲自下厨，制作了这种日后享誉全国的甜辣酱。“莫雷”甜辣酱用辣椒、巧克力、玉米粉、药草、坚果、大蒜、番茄等几十种原料和各种香料制作而成。最初，墨西哥人多把“莫雷”甜辣酱用于炖鸡，直到现在，“莫雷”甜辣酱炖鸡仍然是墨西哥的著名菜式。现在，墨西哥人不但把“莫雷”甜辣酱用于炖鸡和炖火鸡，也用于炖猪肉和炖牛肉等。“莫雷”甜辣酱除了用于烹饪外，也可以直接涂抹在玉米饼或面包上食用。

第五节 街头小吃

在墨西哥街头，卖小吃的摊档随处可见。尽管有些小吃由于高脂肪和高糖而被视为导致肥胖的“垃圾食品”，但不少健康可口的街头小吃还是备受墨西哥人和外国游客的欢迎。今天，街头小吃已成为墨西哥文化的一部分。现介绍一些墨西哥特有的街头小吃，以飨读者。

“艾斯吉德斯”玉米粒

1. “艾斯吉德斯”玉米粒

“艾斯吉德斯”玉米粒（Esquites）的做法很简单：把玉米粒放进鸡汤中煮熟，鸡汤中必须有原产墨西哥的土荆芥草。把玉米粒捞出后盛在杯子或盘子里，加入葱末、鲜辣椒、碎奶酪、蛋黄酱、食用油、柠檬、辣椒粉等，就是一道香辣的“艾斯吉德斯”了。

2. 煮玉米棒和烤玉米棒

煮玉米棒只需把煮熟的玉米棒加上蛋黄酱、奶酪和辣椒粉即可，是非常简单实用的小吃。烤玉米棒的做法略为复杂些：先把玉米衣拨开，抽出玉米须，然后把玉米衣重新裹上，用炭火把玉米棒慢慢烤熟，边烤边往玉米棒撒些水，以免玉米烤干或烤焦。烤熟后，将柠檬汁、蛋黄酱和辣椒粉均匀地涂抹在玉米棒上，这样就做成备受墨西哥人喜爱的烤玉米棒了。

烤玉米棒

3. 凤爪

墨西哥“凤爪”的制作方法不像广东“凤爪”那样复杂，只须用水把凤爪煮熟，加上“莫雷”甜辣酱或其他辣酱、辣椒粉就可以食用了。通常卖“艾斯吉德斯”的摊档都会同时卖墨西哥“凤爪”。

凤爪

4. 凉拌炸猪皮

凉拌炸猪皮的制作方法很简单：先把一块炸猪皮切好放在盘子上，然后放入蛋黄酱、圆白

凉拌炸猪皮

菜、鳄梨、辣酱、番茄、油、盐、香菜、柠檬等，最后放入醋泡猪蹄筋，就成为一道清爽可口的凉拌菜了。

5. “塔马莱斯”玉米粽子

墨西哥“塔马莱斯”玉米粽子（Tamales）的主料是玉米面和猪油，主料中包有鸡肉、洋葱、辣椒、番茄等。一般是用芭蕉叶包裹，也有用玉米衣、鳄梨叶等包裹的。瓦哈卡州的“塔马莱斯”最有名，卖瓦哈卡“塔马莱斯”的小车走街串巷，人们在家门口就可以买到香喷喷、热辣辣的瓦哈卡“塔马莱斯”。

“塔马莱斯”玉米粽子

6. 酸猪皮

制作酸猪皮时，先把鲜猪皮用水洗干净，煮熟后加入醋、香料和盐等调料浸泡。接着，把猪皮切成条后放入一个小杯子里，拌入柠檬汁、盐和辣椒粉就可以成为一道美食了。

酸猪皮

7. 烤鸡翅

墨西哥的大街小巷都能闻到炭烤鸡翅的香味。烤鸡翅前

烤鸡翅

先用油、盐、香料等把鸡翅腌好，再进行炭烤。这种食物是在墨西哥最容易吃到的街头小吃之一。

8. 炸猪皮

炸猪皮是墨西哥最简单、最方便的街头小吃，只须向小贩要一大块或一小盘炸猪皮，往上面浇上奶油、柠檬汁和辣酱就可以食用了。

炸猪皮

9. 拼水果

夏天的墨西哥街头，人们喜欢在街边小摊买一杯拼水果，往里面浇上奶油、辣酱、柠檬汁、蜂蜜等调料后，就可以吃得津津有味了。

五花八门的拼水果

10. 烤面饼

制作墨西哥烤面饼时，先往经过发酵的面粉里加入黄油、甜奶酪、砂糖等，然后揉成面团，接着将小面团拍成小饼状，最后放入平底锅中煎制而成。

烤面饼

11. “法兰”奶油糕和果冻

墨西哥“法兰”奶油糕（Flan）品种繁多，常见的有水果、咖啡、杏仁、巧克力等口味。墨西哥果冻也有各种各样的水果口味。“法兰”和果冻都是墨西哥人喜爱的街头小吃。

“法兰”奶油糕和果冻

12. 煎玉米饼

制作煎玉米饼时，首先在平底锅中加入油，把玉米饼煎至金黄色，然后放入豆泥、洋葱、奶油、奶酪、辣酱、柠檬等。根据用料不同，煎玉米饼可以分为多种。你到了小吃摊，一定会找到你喜欢吃的煎玉米饼品种。

“嘎尔纳查”煎玉米饼

13. “特拉尤达”炸玉米饼

制作“特拉尤达”炸玉米饼（Tlayuda）时，首先把一个直径40厘米的大玉米饼放在锅里用油炸熟，但不能炸得太硬。然后把玉米饼放在棕榈叶做的篮子里备用。食用时从篮子里取出玉米饼，放入豆泥、生菜、肉末、咸肉干、香肠、奶酪、辣椒、鳄梨、番茄等佐料。

“特拉尤达”炸玉米饼

14. 炸土豆片

炸土豆片是墨西哥最常见的街头小吃之一，人们喜欢往炸土豆片上加奶油、柠檬汁和辣酱等。

炸土豆片

15. “布瑞罗”炸面饼

制作“布瑞罗”炸面饼（Buñuelo）时，往面粉里加入鸡蛋、黄油、桂皮、石榴、茴芹籽、橙皮等进行发酵，然后把面饼进行油炸。食用时在面饼上浇上一层黑糖或巧克力，可以让“布瑞罗”吃起来更加香甜可口。

“布瑞罗”炸面饼

16. 炸大蕉

制作炸大蕉时，把墨西哥特有的一种大蕉下油锅炸至焦黄，捞出后在上面涂上果酱、炼乳、砂糖或奶油，就制成了墨西哥人喜爱的街头小吃了。

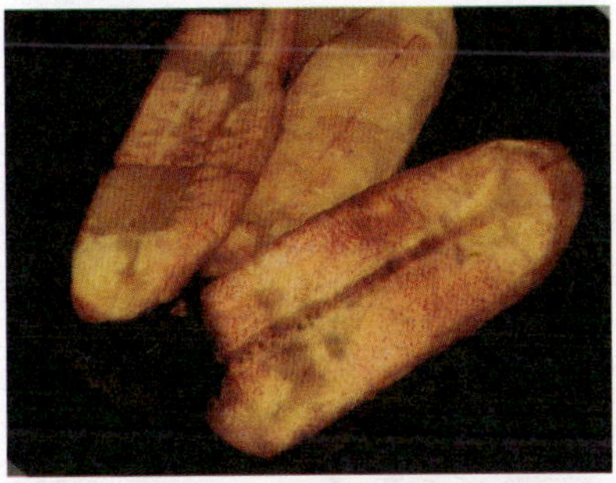

炸大蕉

17. 烤红薯

在墨西哥街头时常能听到如火车鸣笛般的声音，那是卖烤红薯的小车发出的声音。把烤好的

烤红薯

红薯涂上炼乳、砂糖或者果酱，一道甜蜜蜜的烤红薯就做成了。

18. 油条

墨西哥油条源于西班牙。西班牙油条被殖民者带到美洲后，很快就传遍拉美各国，成为整个拉美地区最统一、最受欢迎的地区性小吃。除传统的西班牙油条外，现在还出现了包裹着果酱的夹心油条。墨西哥人喜欢把油条蘸着砂糖、巧克力、奶油或炼乳吃。

油条

19. “牧羊人达哥”卷小饼

在众多的墨西哥街头小吃中，最负盛名的也许是“牧羊人达哥”卷小饼（Taco Al Pastor）了。在墨西哥，可以说只要有人的地方就一定有卖“牧羊人达哥”的小吃店。据说，“牧羊人达哥”的制作方法是由黎巴嫩人从中东带到墨西哥的，但墨西哥人把黎巴嫩人的烤牛肉改成了烤猪肉。“牧羊人达哥”的制作方法并不复杂。首先，用胭脂果籽、油、盐、香料、红辣椒粉等佐料把切成片的猪肉腌制好。然后，把肉片一层一层插在一个转动的钢钎上，码好后用炭火将转动的猪肉慢慢烤熟。接着，根据食客的要求，用刀把猪肉切下来，加入辣椒、小葱、菠萝、柠

“牧羊人达哥”卷小饼

玉米小饼

檬、香菜等，用玉米饼或面饼把猪肉包好，一道香喷喷的“牧羊人达哥”就做成了。上班一族都会到街边的“牧羊人达哥”店，买几个“牧羊人达哥”充当午餐。除了最有名的“牧羊人达哥”外，墨西哥还有很多种类的“达哥”，墨西哥人把“达哥”称作“墨西哥最民主的食品”。

20. 蒸羊肉

墨西哥蒸羊肉的传统做法很复杂。首先，把一只大约40公斤重的羔羊宰杀后，把羊肉切成中等大小的肉块，然后加入奶油、香料、粗盐和辣椒粉腌制。然后，在地上挖一个深1米、直径1.5米的大圆坑。把木头放进坑里架好，烧上4个小时，把木头烧成火炭。接着，把汤锅架在火炭上，锅里加入30只扁辣椒、20只红辣椒、20片鳄梨叶以及胡椒粉、桂皮、大葱、大蒜等佐料。把腌好的羊肉放在汤锅上面的架子上，用芭蕉叶把汤锅和羊肉裹严实。最后，用土把土坑连同汤锅和羊肉一并掩埋，用火炭把汤烧开，将羊肉蒸7个小时，就做成令人垂涎欲滴的墨西哥蒸羊肉了。蒸羊肉可以单独吃，也可以用玉米饼卷着吃，两者都须配着蒸羊肉的汤吃。现在城市里的蒸羊肉做法没那么复杂了，通常改用明火蒸。墨西哥街头专门卖蒸羊肉的小吃店，经常顾客盈门，座无虚席。

蒸羊肉

第六节 “玛利亚奇”乐曲

“玛利亚奇”乐曲（Mariachi）是墨西哥最负盛名的民间乐曲，其名字据说来源于法语的“婚礼”（Mariage）。“玛利亚奇”的历史并不长，相传100多年前发源于哈利斯科州。现在的“玛利亚奇”已经不同往昔，经过100多年的发展，其表演形式、表演服装和演奏乐曲已基本固定。“玛利亚奇”乐队由数人组成，成员都是边演奏边歌唱的，乐队的演出服装是墨西哥最典型的民族服装“恰罗”骑士服。“玛利亚奇”是一种既继承了古代印第安音乐的格调，又吸收了许多西班牙民间音乐旋律的音乐形式。它的演奏乐器以吉他为主，辅以小提琴、小号、笛子、鼓等。“玛利亚奇”基本上是墨西哥的民间歌曲，如《墨西哥万岁》《美丽小天使》等。

以前，当墨西哥男子有了心上人，就会去找“玛利亚奇”乐队，借着月光走到她的窗下，用“玛利亚奇”来表达自己的爱。如今，“玛利亚奇”早已成为墨西哥人生活的一部分。清晨，人们或许会被“玛利亚奇”的音乐唤醒，提醒他们今天是某个节日。墨西哥人每逢生日、婚礼或者节假日，都喜欢请自己的亲朋好友到家里聚会，聚会时都要

“玛利亚奇”乐队

请一支“玛利亚奇”乐队演奏助兴。墨西哥的很多餐厅也请了“玛利亚奇”乐队在客人就餐时演奏。

第七节 民间舞蹈

墨西哥孕育了奥尔梅克、玛雅、托尔特克、阿兹特克等古印第安文化，墨西哥印第安人是一个能歌善舞的民族。而早期来到墨西哥的西班牙人很多来自安达卢西亚大区，他们带来了弗拉门戈等西班牙歌舞。西班牙在墨西哥长达300多年的殖民统治，使

能歌善舞的墨西哥人

上述两种文化交织在一起。几百年来，印第安歌舞和西班牙歌舞相互借鉴和融合，形成了独特的墨西哥民族艺术形式。现在，墨西哥各地除了保留着不少原始印第安歌舞外，还有很多有特色的民间歌舞。墨西哥的民间舞蹈主要有以下几种：

1. “哈拉韦·踏帕蒂奥”舞

“哈拉韦·踏帕蒂奥”舞（Jarabe Tapatío）被视为墨西哥的国舞。它起源于19世纪末的哈利斯科州，很快就风靡全国。“哈拉韦·踏帕蒂奥”舞是一种踢踏舞蹈，由“玛利亚奇”乐曲伴奏，舞者是成双成对的男女，男舞者身穿墨西哥民族服装“恰罗”骑士服，女舞者身穿普埃布拉的中国姑娘裙衣。随着“玛利亚奇”乐曲奏起，男女舞者用脚跳着欢快的踢踏舞步，女舞者摆动着裙衣，前扭后翻，左右摇摆，做出挑逗的样子，男舞者不时把帽子放在地上表示倾慕之心。“哈拉韦·踏帕蒂奥”舞热情奔放，舞者表情丰富，很具感染力。

“哈拉韦·踏帕蒂奥”舞

2. “帕拉奇科”舞

“帕拉奇科”（Parachico）在西班牙语中意为“为了孩子”。该舞蹈起源于1711年的恰帕斯州。据说，当时一位叫做玛利亚·德·安古罗的西班牙妇女，因为没有找到会治病的西班牙神父给自己的孩子治病，只好找了一位印第安巫医。在巫医给孩子看病时，为减轻孩子的痛苦，一群邻居头戴面具跳舞，以吸引孩子的注意力。等巫医治疗完毕，人们摘去面具，只说起舞是“为了孩子”，该舞因此而得名。现在该舞已成为恰帕斯州的地区性舞蹈。每年1月4日至1月23日，恰帕斯州各地都会举行盛大的节日庆典，而1月15日是节日庆典的高潮。这一天，人们身穿艳丽的服装，头戴木制的假面具和大檐帽，在鼓乐伴奏下，走上街头载歌载舞，欢庆节日。

“帕拉奇科”舞

3. “华邦果”舞

“华邦果”舞（Huapango）是华斯特克大区的地方性舞蹈。华斯特克大区包括伊达尔戈州、韦拉克鲁斯州、普埃布拉州和圣路易斯波托西州，由于该地区原来是印第安华斯特克人的居住地，所以被称作“华斯特克大区”。“华邦果”舞的特点是，男舞者身穿白色衬衣和长裤，女舞者身穿白衣裙和花衬衣。舞者是成双成对的男女，舞风朴实无华，颇能体现印欧文化的融合。

“华邦果”舞

4. 老头舞

墨西哥老头舞是一种诙谐舞蹈。该舞蹈起源于米却肯州，最早是祭拜老年神和火神的舞蹈。舞者一般是4名男性，他们

老头舞

穿着老年人的衣服和印第安人的凉鞋，做出各种引人发笑的舞姿。墨西哥老头舞也是踢踏舞的一种。

5. 鹿舞

墨西哥鹿舞是索诺拉州的印第安雅基斯人的舞蹈。该舞蹈由多名舞者分别装扮成鹿、猎人和猎狗，在舞台上上演印第安人打猎的场面。墨西哥鹿舞是原汁原味的印第安人舞蹈。

鹿舞

6. “琴内罗斯”舞

“琴内罗斯”舞（Chinelos）是莫雷洛斯州印第安人的舞蹈。“琴内罗斯”是印第安纳华特尔语，意为“屁股和大腿扭得好看

“琴内罗斯”舞

的人”。该舞蹈起源于1807年，据说当时西班牙人不让印第安人参加他们的嘉年华活动，于是当地的印第安青年就带着西班牙人的面具，上街模仿他们的舞姿，以此嘲弄西班牙殖民者。现在，这种面具舞已经成为莫雷洛斯州特有的舞蹈。每逢莫雷洛斯州举办嘉年华活动，人们都会纷纷走上街头，大跳“琴内罗斯”舞。

7. “哈拉纳”舞

“哈拉纳”舞（Jarana）是尤卡坦州的民间舞蹈。它结合了西班牙舞蹈和印第安人舞蹈的特点，也是一种踢踏舞，舞者也是成双成对的男女。男舞者身穿白衣白裤，头戴白色帽子，女舞者身穿尤卡坦半岛妇女特有的大花

“哈拉纳”舞

裙衣。该舞蹈还有一大特色，就是女舞者都手提草篮子，篮子里盛满鲜花或农作物。该舞的舞步优美大方，很有热带地区的生活气息。

8. 羽毛舞

墨西哥羽毛舞是瓦哈卡州的民间舞蹈，该舞蹈重现了西班牙殖民者占领墨西哥的场面。出场的人物包括印第安阿兹特克人的倒数第二位国王莫克特苏马、西班牙人首领埃尔南·科尔特斯和他的士兵、埃尔南·科尔特斯的印第安人情妇兼翻译马琳娜等。该舞蹈是典型的印第安人舞蹈，意在表现印第安人勇敢反抗西班牙殖民者的精神。

羽毛舞

第八节 节假日

从企业是否安排员工休息的角度，墨西哥的节假日可以分为两类：一是墨西哥政府规定的法定节假日，二是有纪念性质的非法定节假日。

一、法定节假日

为了使人们在一年中可以多享受几个长假，墨西哥政府规定，对于某些法定节假日，假如该节假日在周二到周五之间，可以提前到周一休息。

1. 元旦（每年1月1日）

和世界各地人们一样，墨西哥人以自己的方式庆祝新年的到来。元旦前一夜，每个人都会准备12颗葡萄，当午夜的钟声敲响时，大家每吃一颗葡萄就许一个愿，每个人都带着12个美好的心愿踏入新年。墨西哥政府规定，元旦不能提前休息。

2. 宪法日（每年2月5日）

1910年，墨西哥爆发了资产阶级民主革命。1917年2月5日，墨西哥制宪会议通过了新宪法《墨西哥合众国宪法》，墨西哥宪法日由此而来。1917 年颁布的《墨西哥合众国宪法》是墨西哥人民长期斗争的结果，虽然经过数次修改，今仍然是墨西哥治国的根本大法。墨西哥政府规定宪法日为法定节假日，目的是通过宪法日举行的一系列纪念活动，使资产阶级民主的观念在墨西哥更加深入人心，使人们更加珍惜来之不易的革命成果。墨西哥政府规定，如果宪法日是在周二到周五之间，就提前到这周周一休息。

3. 贝尼托·华雷斯诞辰日（每年3月21日）

具有纯正印第安血统的贝尼托·华雷斯，为捍卫墨西哥民族的独立、打击国内封建势力不懈努力，成绩斐然，成为墨西哥国家统一、政治民主和社会进步事业的奠基人。他多次出任墨西哥临时总统和总统，他领导墨西哥打败了由法国皇帝拿破仑三世组织的法国、英国和西班牙联军的入侵，推翻了法国人扶持的奥地利大公斐迪南·马克西米连的傀儡政权。墨西哥人民称他为最伟大的民族英雄和维护人民权利的斗士。墨西哥政府规定，假如贝尼托·华雷斯诞辰日是周二到周五之间，就提前到这周周一休息。

4. 国际劳动节（每年5月1日）

1923年，当时的总统阿尔瓦罗·奥布雷贡宣布国际劳动节也是墨西哥工人的节日，从此，这一天成为墨西哥的法定节假日。墨西哥政府规定，劳动节不能提前休息。

5. 独立日（每年9月16日）

1810年9月16日，在墨西哥中部的瓜纳华托州的多洛雷斯镇，年近六旬的米格尔·伊达尔戈·科斯蒂利亚神父敲响了教堂的钟声，号召附近的农民和城市贫民起义。这就是墨西哥历史上

墨西哥城民族英雄贝尼托·华雷斯纪念碑

著名的“多洛雷斯的呼声”，它揭开了墨西哥独立战争的序幕。后来，墨西哥人民为了纪念米格尔·伊达尔戈·科斯蒂利亚和他发起的独立运动，把9月16日定为墨西哥的独立日。

每年独立日的前夜，墨西哥各地都会举行庆祝晚会，人们集中在各城镇的中心广场，在乐队的伴奏下载歌载舞，欢庆独立。在墨西哥城中心的宪法广场的民族宫的正面阳台上，墨西哥总统身披国旗绶带，手持国旗，敲响当年米格尔·伊达尔戈·科斯蒂利亚敲过的那口钟，向聚集在广场的民众高呼“缔造祖国的英雄们万岁”、“伊达尔戈万岁”、“祖国独立万岁”等口号。民众也挥舞着手中的国旗，跟着总统高呼“万岁”。人们边唱歌边跳舞，整个夜晚都沉浸在欢乐之中。墨西哥政府规定，独立日不能提前休息。

墨西哥独立节游行队伍的女骑士

6. 革命日（每年11月20日）

1876年，由美国支持的波菲里奥·迪亚斯发动政变，攫取了墨西哥总统的职位。1876—1911年，他一直是掌握全权的独裁统治者。1910年11月20日，弗朗西斯科·伊克拉西奥·马德罗号召墨西哥民众起义，推翻波菲里奥·迪亚斯的独裁统治，爆发墨西哥革命。1911年，波菲里奥·迪亚斯被迫下台。1917年，墨西哥通过新的宪法《墨西哥合众国宪法》。1928年，革命制度党上台，墨西哥革命结束。后来，弗朗西斯科·伊克拉西奥·马德罗号召民众起义的11月20日被定为墨西哥革命日。

1910—1928年的墨西哥革

命，推翻了国内的独裁统治，沉重打击了帝国主义、大庄园主、天主教会和反动军阀的统治，为墨西哥实行现代民主宪政制度创造了有利的条件。每年的革命日，墨西哥各地都会举行民众彩车游行，庆祝墨西哥革命的成功。墨西哥政府规定，假如革命日是周二到周五之间，就提前到这周周一休息。

7. 圣诞节（每年12月25日）

墨西哥90%的人口是天主教徒，5%的人口是新教徒，基督教信徒超过总人口的95%。因此，墨西哥人很重视圣诞节。圣诞节前后，墨西哥各城镇的主要街道都挂满彩旗和彩灯，公共场所和商场都会摆放圣诞树和其他大大小小的圣诞饰物。家家户户都摆放着圣诞树和小圣诞挂件，富裕人家还会提前十几天在自家门前的树上架设节日灯。天黑后，墨西哥街头灯火通明，火树银花，一派节日气氛。墨西哥人会在平安夜举家团聚，共进晚餐，火鸡是必不可少的主菜。墨西哥政府规定，圣诞节不能提前休息。

以上七天为墨西哥的法定节假日。此外，每隔六年的新老总统换届之日（12月1日）也是法定节假日。

二、非法定节假日

1. 三王节（每年1月6日）

根据《圣经》的记载，耶稣诞生后，来自东方的三位博士在一颗星星的引导下到圣城耶路撒冷探望小耶稣，并给他带去了黄金、乳香和没药等礼物。后来，这三位智者被称为“东方三王”，三王节由此而来。每到1月5日晚上，所有墨西哥父母都会给自己孩子送礼物。孩子们只要把一只鞋放在卧室门口或床前，一觉醒来，就会收到“三王”送来的礼物。大人们还会在这天互赠1个藏着3个塑料小人的大面包圈，谁吃到了塑料小人就要在2月2日的圣烛节请客。按照墨西哥人的传统，请客时要请大家吃“塔马莱斯”玉米粽子。

2. 圣周（每年3月15日～4月24日其中一周）

复活节前一周被称为圣周。复活节是每年春分月圆后的第一个星期日，如果月圆那天刚好是星期日，复活节就推迟一个星期。因此，复活节的时间并不固定，它可能在3月22日～4月25日其中一个星期日。相应地，圣周可能是3月15日～4月24日其中一周。

圣周的第一天称为棕榈枝日，从这天起到圣周周五的耶稣受难日，墨西哥各地民众会举行耶稣受难游行，其中以墨西哥城伊斯塔巴拉巴大区的耶稣受难游行最著名。伊斯塔巴拉巴大区的耶稣受难游行起源于1843年，当年这个地区发生了霍乱，居民们许愿，如能平安度过霍乱，就举行耶稣受难游行以感谢上帝。两年后，霍乱终于过去。从此，每逢圣周，伊斯塔巴拉巴大区的居民都会到当地的“星星山”举行耶稣受难游行。游行至今已持续100多年，每年的费用全部由当地居民分担。为了给更多的人有扮演耶稣的机会，活动组委会规定每名志愿者只能扮演一次耶稣。扮演者身背8.5公斤重的十字架，在扮演“圣母”、“圣徒”、“罗马士兵”等自愿者的跟随下，步行4千米到达设在“星星山”的舞台，重演当年耶稣受难的一幕。

墨西哥很多单位从圣周周四开始放假，一直到复活节。圣周是墨西哥一年中最长的假期，届时不少墨西哥城居民会到外地度假，同时不少外地人会到墨西哥城游玩。复活节是墨西哥城居民返城的高峰日，假如你不想回城受阻，就要提前启程回家。

3. 普埃布拉战役纪念日（每年5月5日）

1861年4月，法国向墨西哥宣战，法国军队向墨西哥城的东大门普埃布拉市发起猛烈的进攻。1862年5月5日，墨西哥军队在伊格纳西奥·萨拉戈萨·塞金将军指挥下，打败了法军的进攻，保卫了普埃布拉，这是墨西哥历史上的著名战争之一。后来，墨人民经过5年的浴血奋战，终于赢得胜利，于是把这天定为普埃布拉战役纪念日。

4. 种族日（每年10月12日）

1492年8月3日，意大利人克里斯托弗·哥伦布受西班牙国王派遣，从西班牙的巴罗斯港出发，向西航行，于10月12日抵达美洲。10月12日是哥伦布发现新大陆纪念日，西班牙人把这一天称作“国庆日”，尼加拉瓜人称作“印第安人反抗日”，智利人称作“两个世界的相遇日”。墨西哥人则把这一天叫做“种族日”，因为他们认为这一天使美洲大陆的人种发生了很大变化。

墨西哥种族日没有庆祝活动，相反，很多印第安人纷纷走上街头，抗议政府的印第安人政策，要求政府改善印第安人的生存条件和生活水平、重视印第安人教育、保护印第安文化和语言等。

5. 亡灵节（每年11月1日~11月2日）

墨西哥亡灵节是印第安文化和西班牙文化结合的产物。印第安人的亡灵节在每年的七八月间，其中一个月祭奠死去的小孩，另一个月祭奠死去的成年人。西班牙人来到美洲后，墨西哥人把西方的万圣节、印第安人的亡灵节以及印第安人的一些陪葬风俗和祭祀风俗结合起来，形成今天的亡灵节。每年的11月1日是“幼灵节”（俗称“小鬼节”），以怀念故去孩子；第二天即11月2日是“成灵节”（俗称“大鬼节”），则是缅怀故去的成年人。

墨西哥人对亡灵节的祭品颇多讲究。他们认为水是生命之源，盐是智慧之物，火象征光明、信念和希望，点燃熏香能将生者的祈祷带给亡魂。他们还用象征纯洁和娇嫩的白色紫罗兰、象征财富的黄色万寿菊、玫瑰、

特基拉酒

康乃馨等做成花环或祭坛，用草席做成床、桌子、玩具等献给死去的小孩。除此以外，甘蔗、玉米、特基拉酒、骷髅形状的糖果和巧克力等都是墨西哥人常用的祭品。

骷髅祭品是墨西哥特有的文化。墨西哥人用巧克力和糖果做成各种大小不一的骷髅祭品，人们甚至买回整个真人大小的塑料骷髅摆放在家里。亡灵节的晚上，墨西哥人邀请亲朋好友到家里举行亡灵节化装舞会，人们化装成鬼，身穿黑色衣服，边唱歌边跳舞，尽兴而归。入夜后，小孩们身穿黑衣，化装成小鬼。他们三五成群地走街串巷，挨家挨户敲门讨要糖果。更多的墨西哥人会带上鲜花，到墓地拜祭已故亲人。

6. 瓜达卢佩圣母节（每年12月12日）

16世纪初，天主教传入墨西哥。初期，天主教对墨西哥的影响不大。传说1532年12月的一天，一名叫胡安·迭戈的印第安人在墨西哥城北部的特佩亚克山行走时，一位印第安人模样、浑身放射着光芒的圣母突然出现在他面前。圣母要胡安转告墨西哥城大主教，要他在特佩亚克山建立一座教堂，以庇护墨西哥人民。胡安把这个消息告诉大主教时，大主教并不相信。后来，圣母在大主教面前显灵。当看到这位印第安人模样的圣母时，大主教既震惊又感动，认为她是这块新大陆的守护神，带来了上帝接纳全体印第安人成为他的子民的旨意。于是他立即着手在圣母显灵的地方修建了一座教堂，并把

老瓜达卢佩圣母大教堂

教堂命名为瓜达卢佩圣母大教堂。从此，印第安人开始信奉瓜达卢佩圣母和天主教。

瓜达卢佩圣母大教堂原建在特佩亚克山顶，1976年墨西哥人在山下修建了一座新教堂。新教堂是一幢现代化建筑，它与重建于1706年的旧教堂形成鲜明的对比。新教堂比旧教堂大10倍，建筑面积达2万平方米，可容纳2万人。圣母的原始画像悬挂在新教堂的祭台正中，画像长2米、宽1.1米，用金边、银边、铜边三层镜框镶嵌。瓜达卢佩圣母大教堂是墨西哥最大的宗教圣地，被罗马教廷认定为天主教三大奇迹教堂之一。全国各地到此朝圣的人络绎不绝，尤其是星期天，教堂四周挤满了人。许多信徒为对

新瓜达卢佩圣母大教堂

圣母表示虔诚和信仰，常常从教堂入口跪行至大教堂。

瓜达卢佩圣母节是墨西哥最重要的宗教节日。每年圣母节这天，特佩亚克山下的新瓜达卢佩圣母大教堂都会举行盛大的宗教仪式，全国数以百万计的信徒扶老携幼、长途跋涉，从各地赶来参拜瓜达卢佩圣母。墨西哥各地的教堂也会举行类似的朝圣仪式。印第安人还会表演传统的民族舞蹈，以自己的方式祭祀瓜达卢佩圣母。

7. 客店节（每年12月16日～12月24日）

客店节（Posada）在西班牙语中意为“小客栈”。关于该节日的来历，有两种说法：一种说法是为了纪念圣母玛利亚和约瑟。据《福音书》记载，圣母玛利亚和约瑟到伯利恒登记户口时，因城里的所有客店的客房已满，只好栖身在一家小客栈的马厩里，玛利亚在马厩诞下耶稣。他们在马厩投宿了9天，后来这9天被定为客店节。另一种说法认为，12月是印第安阿兹特克人纪念战神的日子，西班牙传教士把《福音书》的记载和阿兹特克人的习俗结合在一起，使客店节成为墨西哥人的节日。

墨西哥客店节期间，亲朋好友之间互相做东，每家在晚上轮流举办庆祝活动。做东的人家准备好饭菜和酒水，把客人迎进家里共进晚餐。庆祝活动的高潮是打“宾亚达”（Piata）。“宾亚达”一般用纸做成，也有用陶泥做成罐子后用纸糊好的。“宾亚达”形状多种多样，如人、星星、动物等，外观五颜六色，里面放有糖果、花生、果仁等各种礼品。“宾亚达”用绳索吊起来后，参加活动的人被蒙上眼睛，挨个原地转几圈后摸索向前，用木棍敲击吊起来的“宾亚达”，据说打中者会走好运。“宾亚达”被打碎后，不论主人还是客人、大人还是小孩，大家一拥而上，争抢礼品，场面热闹温馨。